금강경 독송의 이론과 실제

금강경 독송의 이론과 실제

초판(보림사) 초판 1986년 1월
개정판(작가서재) 1쇄 발행 2009년 4월 2일
개정보급판(백성욱연구원) 초판 1쇄 인쇄 2019년 4월 22일
개정보급판(백성욱연구원) 초판 1쇄 발행 2019년 4월 22일

   지은이   정천구
   펴낸곳   인라잇먼트
   펴낸이   김진식

출판등록   2011년 06월 07일 제406-2011-000071호

   주소   경기도 파주시 탄현면 하늘소로 16 109-205
   전화   070-7672-5523
   팩스   031-624-5523
   이메일   enlightenme.book@gmail.com
   인쇄   태영미디어

ⓒ백성욱연구원 2019
ISBN 979-11-966835-0-4 03220
값 12,000원

백성욱연구원는 인라잇먼트의 브랜드입니다.
잘못된 책은 구입하신 서점에서 교환해 드립니다.

금강경 독송의 이론과 실제

정천구 지음

백성욱
연구원

개정보급판을 내며

　금강경이 불교의 단일 경전으로서는 세계적으로 가장 많이 읽혀 온 까닭은 무엇일까요? 가장 중요한 이유는 금강경이 팔만대장경 중에서 부처님의 가장 밝은 정신을 핵심적인 내용들만을 담아 잘 요약해 놓은 경전 중의 경전이기 때문일 것입니다. 30분 정도면 한번을 읽을 수 있는 분량이기 때문에 독송용 경전으로도 존중받아 왔습니다.

　이 경전이 애독되어 온 또 다른 이유는 경을 읽어서 얻는 공덕이 말할 수 없이 크다는 믿음 때문입니다. 금강경을 독송하면 우선 육체와 정신이 건강해지는 것을 느낄 수 있습니다. 또한 경이 지닌 밝은 빛에 의해 재앙이 소멸되고 소원이 성취된다는 것을 실감할 수 있습니다.

　이 책은 현대 한국이 낳은 최고의 선지식인 백성욱 큰 스승으로부터 저자가 직접 들은 생생한 금강경 법문을 중심으로 구성되었습니다. 백성욱 박사는 독일에서 불교순전철학으로 철학박사 학위를 받고 귀국하여 내무장관과 동국대학교 총장을 역임하면서 국가건설과 한국불교 중흥에 헌신한 분입니다. 그리고 금강경 독송을 통해 부처님의 정신을 실생활에서 구현해 나가신 청정한 수행인으로 제자들에게는 살아계신 부처님이었습니다.

이 책은 1986년 1월 보림사에서 첫 출간된 후 한번 법 공양판이 출간된 바 있고 세 번(1986, 1991, 1997)에 걸쳐 보급판이 출간되었습니다. 그 후 2006년 부산의 도서출판 이경에서 『미래를 여는 금강경 독송』이라는 이름으로 새롭게 출간된 바 있습니다.

2009년 도서출판 작가서재에서 개정판을 낸 바 있으며 2019년 저자의 판권기증을 받은 백성욱연구원에서 개정보급판을 내게 되었습니다. 빠른 변화의 시대에 첫 출간된 지 33년이 지난 책이 지금도 생명력을 잃지 않는 것은 백 선생님의 가르침이 그 만큼 시대를 초월한 수승한 내용임을 입증하는 것이라 믿습니다.

이번 개정보급판은 젊은 세대를 위하여 한글로 알기 쉽게 풀이하려 노력했으며 부록으로 힌글 금강경을 달았습니다. 그 동안 이 책의 출판과 보급을 위해 노력해 주신 김양경 동성어패럴 사장, 한강수상법당의 이건호 회장, 정경환 한국민족사상학회 회장, 김현주 법우, 그리고 이번에 보급판을 내도록 성원해 준 백성욱연구원 회원 여러분께 깊은 감사를 드립니다.

2019년 부처님오신 날을 앞두고
지은이 정천구 합장

초판 머리말

"그대가 정녕 쓰고 싶은 것을 그대로 써라. 그러면 그것이 바로 훌륭한 글이 될 것이니라."

글을 어떻게 쓸지를 여쭈어 보는 대학원 학생 시절의 필자에게 백성욱 선생님께서 독일의 사상가 피히테(J. G. Fichte)의 말을 인용하여 들려주신 말씀입니다. 피히테는 이 말을 그의 문학 지망생 여동생의 질문 편지에 답해서 써준 것인데 그 말이 바로 근대 신문학의 정신이라고 말씀하셨습니다.

백성욱 선생님을 육신으로 뵙고 값진 말씀을 직접 들을 수 있었던 시절부터 다른 어떤 글보다 필자가 정녕 쓰고 싶은 글은 바로 선생님의 법문과 그분이 우리들에게 끼쳐주신 감화력(感化力)에 관한 이야기였습니다. 다만 그 일을 필자의 무딘 재주로 감당할 수 있을까 하는 생각에서 용기를 내지 못했는데 우연히 『佛敎思想』지의 요청을 받아 2회(1985년 3월호 및 5월호)에 걸쳐 "백 선생님을 통한 불교신앙-금강경 독송의 이론과 실제"에 관해 연재하게 되었던 것입니다.

이 작은 책자는 그 후 백 선생님 법문에 환희심을 낸 많은 독자의 요청과 금강경독송회 법우들의 성원이 모아져 위의 글과 그 후 『釋林』(제15호)에 실린 필자의 논문 "백성욱 박사의 불교사상 소고"를 한데 모아 단행본으로 엮은 것입니다. 앞으로 선생님의 다른 법문들도 정리하여 함께 포함될 수 있도록 노력할 것을 다짐하면서 독자 여러분의 계속적인 성원을 부탁드립니다.

1985년 11월

저자 정천구 합장

차 례

개정판을 내면서 ... 4
초판 머리말 ... 6

Ⅰ. 도인의 금강경 법문 ... 11

인연 ... 13
도인의 모습 ... 19
첫 법문 ... 23
공부의 시초 ... 34
살아가는 방법 ... 37
금강경을 어떻게 읽을까 ... 41
바치는 공부 ... 48
미륵존여래불 ... 52
공부하는 사람의 마음가짐 ... 59
소사(素沙)의 생활 ... 64
선생님을 모시는 길 ... 68
사회생활의 지혜 ... 72
현재심(現在心)을 살려라 ... 77
말씀 없는 가르침 ... 81

Ⅱ. 백성욱 박사와 그 가르침 ... 89

　백성욱 박사의 생애 ... 91

　선생님의 가르침 ... 115

　선생님의 일상생활 ... 121

　백성욱 박사의 불교철학 ... 128

Ⅲ. 금강경을 어떻게 이해하고 독송할까? ... 151

　세상을 보는 눈 ... 153

　불교에서 금강경의 위치 ... 156

　금강경의 번역과 유통 ... 159

　금강경의 주요 가르침 ... 163

　금강경 독송을 통한 수행 ... 179

참고문헌 ... 189

한글 금강경 ... 192

I. 도인의 금강경 법문

지혜로운 이가 밝은이를 가까이 하면

어리석은 이는 한평생 밝은이를 가까이 모셔도
숟가락이 국 맛을 모르듯이 참된 법을 모른다네.

지혜로운 이는 잠깐 동안 밝은이를 가까이 모셔도
혀가 음식 맛을 보듯이 곧 참다운 도를 안다네.

-법구경-

인연

아침·저녁으로 금강경을 독송하고 항상 부처님께 바치는 마음을 연습하라고 일러 주시던 백 선생님 이야기를 하려니 또한 "마음에 그려 넣지 말고 상(相)을 짓지 말라. 궁리 끝에는 악심 밖에 나올 것이 없다"고 하신 법문이 떠오른다. 그때 나는 그 말씀을 좀 알아들었다는 듯이 "그러면 부처님까지도 상상하고 그리면 안 되겠네요?" 하고 여쭈었더니 "꼭 그런 것은 아니지" 하시면서 들려주신 이야기가 있다.

옛날 중국에 어떤 절에서 한 사람이 십육 나한상(十六羅漢像)을 그리고 있었다. 그는 한 분 한 분 정성을 들여 그려서 열다섯 분의 상까지 완성해 놓았다. 마지막 열여섯 번째의 나한상을 그리려고 했을 때 웬일인지 그 상이 보이지 않았다. 그는 여러 곳을 찾아 헤매다가 집에 돌아와 문득 거울을 들여다보니 그 속에 자기가 찾고 있던 바로 그 나한상이 비쳐 있었다고 한다.

내가 선생님을 그리는 마음이 나한상을 그리던 그 사람 같기를 바라지만 오히려 궁리가 될까 심히 걱정이다. 왜냐하면 우리 선생님은 너무 높고 위대하고 거룩한 어른이며, 그 깊이를 범인으로서는 감히 짐작하기도 어려운 분임을 아는 이들은 대개 알고 있기 때문이다. 비록 돌아가시기 전 십년 가까이 수시로 찾아뵙고 가르침을 받은 인연이 있고 선생님께서 보이지 않는 손길로 끌어주신 음덕으로 어린 아이에 불과하던 내가 이제는 명색이 교수가 되어 있으나 한낱 명리 속에 묻혀 있는 중생일 뿐, 선생님의 크신 뜻을 어찌 감히 헤아려 볼 수 있겠는가.

　선생님은 구한말의 풍운이 얽히던 1897년에 태어나셔서 일찍 승문(僧門)에 몸을 담아 한학(漢學)과 불교경전을 수학하셨으며 기미(己未) 독립운동 시기를 전후하여 조국의 광복운동에 가담하여 상해 등지에서 활약하셨다. 그 후 프랑스와 독일에 유학, 남독일 뷰르쓰부르크(Würzburg)대학에서 철학박사 학위를 받고 귀국 후에는 현 동국대학교의 전신인 중앙불교전문학교 교수를 하셨고, 그 후 금강산으로 들어가 찾아오는 사람들을 지도하면서 일경의 제재로 하산(下山)하실 때까지 수도생활에 전념하셨다. 해방 후에는 신정부 수립에 참여하시어 제4대 내무장관을 역임하셨고 오랜 동안 동국대학교 총장을 지내시면서 오늘의 동국대의 기초를 닦아 놓으셨다. 대학에서 은퇴하신 후에는 경기도 부천의 소사에서 '백성농장'을 경영하시면서 제자들을 가르치셨다. 향년 84세로 열반하실 때까지 많은 제자들을 기르시고 수많은 사람들에게 교화를 미치셨기 때문에 그들 중에는 백성욱 선생님에 관하여 더 자세하고 정확한 면모를 그리실 분이 많을 것이다.

그러나 돌이켜 생각하면 그 누구도 우리 선생님의 전부를 그릴 수는 없을지 모른다. 누구도 그분의 일부 밖에는 알지 못하는 바에야 나 같은 사람이 그리는 선생님의 극히 적은 편린이나마 지금부터라도 모아 놓으면 어느 날에는 선생님의 대체적인 윤곽이라도 알아 볼 수 있는 전체적인 그림이 되지 않을까 한다.

내가 선생님을 뵈올 수 있었던 것은 불교 신앙생활의 오랜 선배이며 법우이기도 한 윤영흠 씨와 김정호 씨, 두 사람의 덕이 크며 나는 지금도 우리 백 선생님과 같은 스승님을 알게 해 준 그들의 은혜를 잊을 수가 없다. 1971년경 그들은 조계사에서 금강경 독송모임을 이끌어가고 있었는데 그곳에 참가한 나는 7, 8년 만에 다시 듣는 윤 선생의 강의와 모습이 전혀 새로운 데 놀랐었다. 김정호 씨의 설명에 의하면 윤 선생이 얼마 전부터 높은 도인을 뵙고 가르침을 받고 있었는데 자기도 그가 딜라진 이유를 나중에서야 알았다는 것이다.

그가 선생님의 말씀이라고 전해주는 다음과 같은 법문은 지금 생각해도 새롭고 감명 깊은 내용이다. 옛날 도인들은 탐심(貪心), 진심(嗔心), 치심(癡心)의 세 가지 독한 마음, 즉 욕심내는 마음, 성내는 마음, 그리고 어리석은 마음을 어떻게 항복받았는가? 전에는 탐심을 끊고 진심은 참으라고 했는데 그 당시에는 산 속에 고요히 앉아 있어서 그것이 가능했기 때문이다. 그러나 현대와 같은 복잡한 시대에는 마음 닦는 방법도 달라져야 하겠다. 탐심은 끊을 것이 아니라 깨쳐야 하며, 진심은 참을 것이 아니라 바쳐야 한다는 것이다.

탐심을 깨치라는 말은 이 육체를 영위해 가자면 거기 필요한 것들을 요구하게 되고 전혀 그것을 끊을 수 없는 일이니 자기에게 알맞은 양을 깨달아 그 이상을 취하지 말라는 뜻이다. 예를 들어 배가 고플 때 자기에게 알맞은 양은 한 그릇임을 깨달아 그만큼 먹으면 건강할 것이요, 분별없이 두세 그릇을 먹는다면 탈이 나거나 건강에 좋지 않을 것이다.

또 옛 도인들은 성내는 마음을 참으라고 했는데 참으면 병이 난다. 왜냐하면 치미는 성을 억누르고 참으면 용수철을 누르는 것 같아 더 큰 힘으로 폭발하거나 응고되어 위장병, 가슴앓이 등 여러가지 질병의 원인이 된다. 그러면 어떻게 하느냐? 올라오는 진심(성내는 마음)을 밝은 곳을 향하여 바치면 된다. 불자들은 "부처님" 하는 생각으로 바치면 되겠고 다른 사람들은 각자 자기가 믿는 밝은 분을 향해 그 성내는 마음을 바치라는 것이다.

끝으로 치심(癡心), 즉 어리석은 마음은 자기 스스로가 잘 알 수 없으므로 평소에 자꾸 닦을 수밖에 없다. 어리석은 마음이란 곧 제 잘난 마음이며, 탐심과 진심은 그래도 스스로 느끼고 닦아 나갈 수 있지만 제 잘난 마음은 스스로 깨닫기가 매우 어렵기 때문에 끊임없이 수행을 해야 한다는 것이다. 또 "공부를 잘 해야지" 하는 마음은 곧 탐심이요, "공부가 왜 이렇게 안 되나?" 하면 바로 진심이며, "이제 공부가 좀 되었다" 하면 그것이 곧 치심이라는 말씀은 부처님의 마음공부에 조금이라도 눈이 뜨인 사람에게는 참으로 핵심을 지적하신 말씀이라 생각된다.

   윤 선생으로부터 간간이 백 선생님의 말씀을 전해 들으면서 법회를 한 반년 계속했을 때인 것 같다. 1972년 봄 어느 일요일 우리는 드디어 윤 선생의 안내로 소사 백성목장으로 선생님을 찾아뵈올 수 있게 되었다. 나는 항상 선생님을 생각할 때마다 그 날의 광경을 떠올리곤 한다.

배우지 못하면

사람이 많이 배우지 못하면 늙어서 황소처럼 되나니
다만 크고 살찔 뿐 아무런 지혜도 가지지 못한다네.

-법구비유경-

도인의 모습

백 선생님께서 이곳 소사로 옮겨오신 것은 동국대학교 총장에서 물러나신 지 얼마 되지 않은 1962년이었다고 한다. 양지바른 산기슭에 자리한 30평 남짓한 단층 양옥집 건물은 당신이 손수 설계해서 지은 것이라 하며 건물 앞으로 긴 담장이 둘러 있고 굳게 닫힌 철 대문 왼편 위에는 '應作如是觀'(응작여시관)이라는 문패가 걸려 있었다. 건물 바른편 벽이 끝나는 산 입구에는 흰 바탕에 검은 붓글씨로 쓴 백성목장이라는 간판이 봄 햇살을 받아 선명하게 보이고 있었다.

우리 일행이 백성목장 앞에 도착했을 때 산 아래 인가에서 아이들의 소리가 간간이 들려올 뿐 주위는 정적으로 싸여 있고 인기척이라고는 느껴지지 않았다. 윤 선생은 담장 안쪽을 기웃거리며 한동안 머뭇거리다가 조심스럽게 문을 두드렸다. 한 4, 5분은 지났을까. 안에서 인기척이 들리고 담 너머로 30대 시자(侍者) 한 분이 나오더니 담 바른쪽 작은 문으로 우리를 손짓해 불렀다. 시자는 말없이 그러나 정중하게 우리를 법당으로 안내한 다음 잠시 기다리라 하고는 안으로 사라졌다.

법당은 일반 가옥 같으면 안방과 옆에 붙어 있는 문간방의 장지

문을 터서 하나로 만든 그런 형태라고 할 수 있었다. 우리는 문지방을 사이로 문간 쪽에 안내되었다. 그 건너편 부분의 중간에는 큼직한 방석이 하나 놓여 있었고 그 좌측 벽에는 신문에서 본 적이 있는 백 선생님의 초상화가 걸려 있었다. 방 한쪽에 경 탁자와 그 위에 몇 권의 금강경 이외에는 아무런 장식품이나 가구도 보이지 않았다.

호기심으로 이곳저곳을 한참 둘러보고 있노라니 이윽고 내실 쪽으로 통한 미닫이문이 열리며 작업복 차림에 모자를 쓴 분이 성큼 들어오더니 우리를 잠시 말없이 지켜본 다음 놓여있는 방석에 정좌하고 앉았다. 그리고는 천천히 모자를 벗어 우측에 살며시 놓았다. 백성욱 선생님 바로 그분이었다. 우리는 황급히 일어서서 합장을 하고 세 번 절하여 예를 올리는데 선생님께서는 앉아 계신 자세로 합장하시고 마주 머리를 숙이면서,

"제도하시는 용화교주 미륵존여래불 시봉 잘 하겠습니다. 이 사람들이 다 각각 무시겁(無始劫)으로 지은 업보 업장을 해탈 탈겁하여 모든 재앙은 소멸하고 소원을 성취해서 부처님 시봉 밝은 날과 같이 복 많이 짓기 발원" 하고 원을 세워 주셨다.

또 우리가 간단히 준비해 드린 예물을 보시고는 다시 한 번, "제도하시는 용화교주 미륵존여래불 시봉 잘 하겠습니다. 이 물건 주는 사람, 받는 사람들이 모두 각각 무시겁 업보 업장을 해탈 탈겁하여 모든 재앙은 소멸하고, 소원을 성취해서 부처님 잘 모시기 발원" 하고 축원해 주셨다.

나중에 안 일이지만 선생님은 사람들을 접견하실 때나 또는 공양을 드실 때 늘 이와 같이 원을 세워 주시곤 하셨다.

자리가 정돈된 다음 윤 선생이 대충 우리들이 찾아뵙게 된 연유를 말씀드리고 법문을 청하니 선생님께서는 대뜸 "그래, 나를 구경하러 왔단 말이지. 어디 실컷 보고 가렴" 하시는 것이 아닌가. 우리는 잠시 멍하니 선생님을 우러러 보고 있는데 그분께서는 고요히 정면 서너 걸음 아래쪽을 응시하시면서 한동안 침묵을 지키고 앉아 계셨다.

나는 처음 뵙는 도인의 모습을 놓칠세라 유심히 살펴보았다. 흰머리는 삭발한 지 보름쯤 지난 정도로 깎으셨고 얼굴 모습은 어느 절에서 많이 뵌 것 같은 부처님 상을 그대로 닮으셨다. 양미간 사이 이마 위에 돋아 있는 구슬 같은 부분도 부처님의 백호와 흡사했다. 선생님의 백호 부분에 관해서는 에피소드가 많은 것을 들어 알고 있었다.

동국대학교에 계실 때 한번은 강의실에서 짓궂은 학생 하나가 "선생님의 그 사마귀는 수술을 해서 일부러 붙이신 것입니까? 아니면 원래 있는 것입니까?" 하고 물은 적이 있었다고 한다. 그때 선생님이 하셨다는 답변이 누구에게나 미소를 자아내게 한다. 선생님은 구라파 유학시절 러시아 지역을 기차 여행을 하시던 경험을 들려주셨다고 한다. 그때 함께 기차에 타고 있던 러시아 여성 하나가 신기한 듯이 그 혹을 살펴보며 또는 양해를 얻어 만져 보면서 비슷한 질문을 하기에, "당신이 가슴에 가지고 있는 것이나 나의 이 혹이나 돌아난 이치는 마찬가지요" 라고 답변을 했다는 이야기로 학생의 질문에 응수하셨다는 것이다.

모습뿐이 아니라 피부 역시 당시 팔순을 앞둔 고령에도 불구하고 맑고 힘차 보였으며, 풍기는 엄숙한 기운은 범인으로서는 감히 그 앞에서 얼굴을 들기 어려웠고 온화한 모습은 어릴 때 응석을 부리던 할아버지의 품을 연상해 주었다.

아무도 감히 입을 열지 못하고 한동안 앉아 있으니 선생님께서는 한번 환하게 미소를 지어 보이면서,

"그래 궁금한 것이 있으면 어디 물어 보려무나" 하셨다.

첫 법문

　일행 중 한 사람이 먼저 용기를 내어 질문을 시작하였고 선생님의 답변이 있은 후, 다른 사람들도 뒤를 따라서 대개 다음과 같은 내용의 법회가 진행되었다.

　"저는 불교에 입문한 지 15년 이상이 되었으나 이론상으로만 잡다하게 배웠을 뿐, 확실한 수행의 길에 접어들지 못하고 있습니다. 불교 공부는 어떻게 해야 되겠습니까?"

　"옳지. 잘 물었다. 이렇게 찾아 와서 묻는 사람들에게 나는 늘 금강경을 읽으리고 이야기해 주지."

　"참선도 있고 염불도 있고 여러가지 방법이 있다고 하는데 그저 금강경만 읽으면 된다는 말씀입니까?"

　좀 신기한 비법 같은 것을 기대했는데 너무 평범한 말씀 같아서 하는 말이었다.

　"그래. 그저 금강경을 읽으면 되지. 무슨 소린지 모르겠거든 한 일주일만이라도 아침, 저녁으로 읽어보아라. 틀림없이 무언가 달라지는 것을 느낄 수 있을 게다."

　선생님은 너무 쉽게 말씀하신다. 그래도 무언가 더 말씀을 들어

보아야겠다는 생각에 물음을 이어나갔다.

"그런데 금강경은 너무 어려워서 그 뜻을 모르겠습니다. 한문으로 되어서 그렇기도 하지만 한글로 해석을 해 보아도 도무지 이해하기가 어렵습니다."

"금강경이 모두 몇 품으로 되어 있던가?"

"네. 32품입니다."

"옳지. 그 중에서 제3품 대승정종분(大乘正宗分)이 경의 대의를 밝힌 말씀이고 나머지 부분은 그에 따라 제기될 만한 의문들을 풀어나간 것이다."

"부처님께서 수보리에게 이르시되 모든 보살 마하살이 응당 이와 같이 그 마음을 항복 받을지니 '있는바 일체의 중생 무리에 알로 까는 것, 태로 나는 것, 습한 데서 나는 것, 화하여 생기는 것, 형상이 있는 것, 형상이 없는 것, 생각이 있는 것, 생각이 없는 것, 생각이 있지도 없지도 않은 것, 이러한 중생들을 내가 다 남김 없는 열반에 집어넣어서 멸해 제도하리라' 하라. 이와 같이 한량없고 수가 없고 끝이 없는 중생들을 제도하되, 실로 한 중생도 제도 받은 자 없느니라. 왜냐하면 수보리야, 만약 보살이 나라는 생각이나 남이라는 생각이나 중생이라는 생각이나 경험이 있어 뭐 좀 알았다는 생각이 있다고 하면 곧 보살이 아님이니라."

금강경 제3품을 우리말로 풀이하신 선생님은 그것을 해설하셨다.

"여기서 난생(卵生), 즉 알로 깐 중생이란 배은망덕(背恩忘德)하는 마음을 연습해서 된 것이야. 예를 들면 병아리라는 놈은 어미 뱃속에서 영양분을 다 싸 짊어지고 뚝 떨어져 나와서 40일 동안 어미 품에 안겨 있다가 껍질을 깨고 나온 다음에는 제 어미가 누구인지 아랑곳하지 않고 쪼르르 달아나거든. 그래서 배은망덕하는 마음을 연습하면 그렇게 알로 까는 짐승이 되는 거지. 태생(胎生), 즉 태로 나는 놈은 철저히 의지하는 마음을 연습해서 된 것이야. 사람의 경우를 보면 열 달 동안 어미 뱃속에서 젖줄을 잡고 양분을 섭취하며 자라다가 뱃속에서 나오자마자 다시 어미의 젖으로 수년을 살거든. 그러니까 이놈은 철저히 의지하는 마음이 만든 보(報)이지."

선생님은 난생을 설명하실 때는 한 손을 주먹을 쥐고 다른 손으로 감싸면서 알이 영양분을 싼 모양을 표현하시고 난 다음 한 손을 앞으로 내밀어 병아리가 쪼르르 달려가는 시늉을 해 보이셨다. 또 태생을 말씀하시면서 아기가 젖줄을 잡는 포즈를 취하셨다.

말씀은 계속 되었다.

"습생(濕生)이란 물속이나 침침한 데서 사는 것들로 숨기는 마음을 연습해서 된 것이야. 어미젖을 떨어져 한 스무 살쯤 되면 남녀는 서로 짝을 짓지. 그게 자기 업을 만나는 것인데, 그렇게 되면 부끄러우니까 자기를 숨기게 되지. 그리고 화생(化生)이란 제 잘난 마음을 연습해서 된 놈으로 애벌레에서 껍질을 벗고 나와서 날아다니는 벌레 같은 것들이 그런 거지."

여기까지 말씀하시고 선생님은 다시 고요한 모습으로 돌아가 잠잠히 계셨다.

"그럼, 그 다음 형상이 있는 것이니 형상이 없는 것이니, 그리고 유상(有想), 무상(無想), 비유상비무상(非有想非無想)이니 하는 말씀은 무엇을 말하는 것입니까?" 하고 얼마 후 일행 중 한 사람이 여쭈었다.

"내가 이야기 하나 할까?"

선생님이 말씀하셨다.

"네. 선생님."

"얼마 전에 프랑스에서 어느 화가가 자기가 상상할 수 있는 가장 아름다운 여인의 상을 그려 놓고 그림 속의 여인을 마음껏 사모하다가 죽었다고 한다. 그 화가가 성한 사람이냐, 성치 못한 사람이냐?"

"성치 못한 사람이지요."

"그렇게 마음에 그려 넣는 것을 말하지. 공부하는 사람은 그런 짓 하지 말아야지. 그런가 안 그런가?"

"물론 그렇죠."

"그러면 '그렇게 그려 넣지 않으려면 어떻게 해야 하겠습니까? 하고 물어야지."

"아, 참 그렇군요. 그렇게 그려 넣지 않으려면 어떻게 해야 하겠습니까?"

여기서 선생님은 싱긋 웃으셨고 우리도 함께 따라 웃었다. 선생님은 다시 말씀하셨다.

"무슨 생각이든지 떠오르거든 부처님께 얼른 바치지. 어떻게 바쳐? 떠오르는 생각, 거기다 대고 자꾸 '미륵존여래불' 하거든."

다시 한동안 침묵이 흐른 뒤 한 사람이 여쭈었다.

"선생님께서는 금강경을 읽으면 무언가 달라진다고 하셨는데 과연 어떤 효과가 있습니까?"

해보지도 않고? 당돌한 질문이었다. 그러나 선생님은 별로 개의치 않고 되물으셨다.

"그럼, 내가 먼저 물어볼까? 사람들이 대개 왜 못산다고 그러든?"

"돈이 없어서 못살고, 괴로워 못살고, 병이 들어 못살기도 하고 여러가지 원인이 있겠지요."

"기다랗게 말할 것 없이 결국 통틀어 재앙이 생겨서 못살겠지. 그런가 안 그런가?"

"맞는 말씀입니다만…?"

"금강경을 읽으면 바로 그 재앙이 없어져. 보통 아침에 읽는 금강경은 낮 동안의 재앙을 소멸하고 잠자리 들기 전에 읽으면 자는 동안의 재앙을 소멸한다고 하지."

"왜 그럴까요, 선생님?"

설마 그럴까? 당시로서는 믿어지지 않는 말씀이었지만 어쨌든 법문은 계속되었다.

"사람의 이 고기 덩어리 속에는 컴컴한 기생충, 세균 등이 살고 있어서 끊임없이 사람을 괴롭히고 있지. 그런데 금강경을 읽고 바치는 공부를 하게 되면 그런 벌레들이 살 수 없어서 신진대사를 통해 죽은 세포와 함께 밖으로 빠져나가고 밝고 건강한 세포로 바꾸어지거든. 왜냐하면 금강경은 밝은 자리이기 때문에 컴컴한 것을 용납하지 못하는 까닭이지. 의학적으로는 사람의 살세포가 전체가 한번 바뀌는데 1,000일이 걸리고 뼈세포가 바뀌는데 3,000일 그리고 뇌세포는 가장 서서히 바뀌는데 9,000일 정도가 걸린다고 하지. 그 동안에 금강경을 읽으면 컴컴한 벌레들은 빠져나가고 건강한 세포로만 대체되니까 점점 밝아지고 재앙이 있을 수 없는 거야."

여기서부터는 수긍되는 면이 없지 않았다. 나도 어느 글에서인가 사람의 세포가 아주 조금씩 조금씩 신진대사를 통해 신비스럽게 새 세포로 대체되어 간다는 것을 읽은 적이 있다. 그래서 사람은 30세가 넘으면 부모로부터 받은 세포는 전부 바뀐다고 하지 않던가. 30세가 넘으면 자기 얼굴은 부모 탓이 아니라 자기가 책임을 져라. 그런 속담도 생각이 난다. 나는 좀 더 호기심이 솟았다.

"선생님, 그런데 금강경은 대체 어떤 경인데 그런 공덕이 있게 됩니까?"

"잘 물었다. 석가모니 부처님께서는 성도(成道) 후 49년 동안 법을 설하셨는데, 처음 열두 해 동안은 아함부에 속하는 경들을, 그 다음 여덟 해 동안에는 방등부 경전을 그리고 스무한 해에 걸쳐서 반야부 경전을 설하시고 나머지 여덟 해는 법화·열반을 설하셨다고 하지. 아함부의 요지는 고집멸도(苦集滅道)라고 하는 것인데, 왜 그런가 하면 인도라는 나라는 지금도 그렇지만 아열대기후에 속해 있기 때문에, 한 해의 절반은 인도양에서 불어오는 습한 바람이 히말라야산맥에 부딪혀 장대같은 비를 내리 쏟고 나머지 반년은 산천초목을 말라 붙이는 불볕더위가 계속되기 때문이야. 이런 기후 속에서 사는 사람들의 생활이 어떠하겠느냐."

"한마디로 괴롭겠습니다."

"옳지. 참 잘 말했다. 그래서 그러한 고통을 해결해 주시는 것이 급선무였으므로 부처님께서는 먼저 12년에 걸쳐 아함(阿含)부를 설하신 것이다. 아함부의 핵심은 고·집·멸·도인데, 고(苦), 즉 모든 고통을 집(集), 즉 한군데 모아서 가져와 보라. 그러면 멸(滅), 즉 실제가 없어지니 그러면 도(道), 즉 바른 길에 이르게 된다는 것이다.

다음으로 방등(方等)부 경전은 그럼 어떤 것인가?

부처님 당시 인도에는 브라만, 크샤트리아, 바이샤, 수드라의 사성(四姓) 계급이 있었는데 이는 브라만이란 유일신을 믿는 아리안족이 파밀 고원에서 내려와 인도 원주민을 정복하고서 만든 계급 질서였어. 아리안 족들은 자기들의 지배질서를 정당화시키기 위하여 브라만의 창조신화를 만들었지. 즉 인류가 창조될 때, 브라만 족은 신의 이마에서, 크샤트리아 즉 왕족은 신의 입에서, 바이샤 즉 평민 계급은 신의 배에서 그리고 노예 계급인 수드라는 신의 발바닥에서 나왔다는 것이 그것이야. 이게 무슨 뜻일까?"

"글쎄요…선생님."

알 것도 같은데 꼬집어 설명 드리긴 어려웠다.

"이미 우주 창조 시에 선천적으로 그렇게 타고났으니 계속 그렇게 살아라. 그 말이지."

법문은 이어졌다.

"이런 신화를 근거로 인도는 당시 고질적인 계급 질서로 고착되어 있어 사회적 활력을 잃어가고 있었는데 아함부 열두 해를 설하신 후 석가여래께서는 이러한 사회문제를 해결해 주시려고 방등부를 여덟 해에 걸쳐 설하신 것이지. 방등부의 요지는 인간이 선천적으로 그 지위가 결정된다는 신화를 부정하고 '모두가 원인 지어 결과 받는 것이며 일체가 평등하다'는 것이다. 아함부와 방등부 설법을 통해 사람들의 근기가 어느 정도 성숙해지자 부처님께서는 이제 바로 성불하는 길을 열어 보이셨으니 그 다음 21년간에 걸쳐 말씀하신 반야(般若)부가 그것이야.

반야부의 핵심은 '한마음 닦아서 성불(成佛)한다'는 것이다. 그러므로 부처님의 전 설법 기간을 하루에 비긴다면 반야부는 해가 가장 빛나는 정오에 해당한다고 할 것이다. 그 중에서 금강경은 반야부 경전의 내용을 중심적이고 체계적으로 갈무리한 경으로서 부처님으로 가는 확실한 방법을 담고 있는 것이지.

끝으로. 법화(法華)·열반(涅槃)부는 불법의 유통을 위한 법문으로 그 이전에는 부처를 해한 자, 부모를 죽인 자 등은 성불할 수 없다고 하셨는데 여기서는 그런 부류들도 결국 성불할 수 있다고 하여 불법의 유통 범위를 모든 중생에게 확대하신 것이다."

여기까지 말씀하시고 선생님은 또 한동안 잠잠히 계셨는데 일행 중 경전 공부를 많이 했다는 한 사람이 다시 여쭈었다.

"제가 듣기로는 화엄경(華嚴經)도 중요한 경전이라고 하던데, 화엄경은 그 중에 어디에 속하는지요?"

"화엄부는 용수보살이 부처님의 살림살이 그 자체를 그려놓은 것인데 부처님의 생활 그 자체가 곧 화엄이라는 것이야."

부처님의 팔만대장경이 한 눈에 보이는 쉽고 간결한 해설이었다. 이제 어렵게만 보이던 불교가 무언가 잡힐 것 같다는 생각이 들었다. 나는 감격스러운 마음과 함께 이제 선생님께 사회 현실에 관해서도 질문해 보아야겠다는 생각에서 질문을 드렸다.

"선생님의 말씀을 듣고 보니 더욱 오늘날과 같이 사악(邪惡)하고 어지러운 세상을 구하는 길은 불교에 의한 방법 밖에 없다는 생각이 듭니다. 불교인으로서 사회를 정화하는데 이바지하려면 어떻게 해야 하겠습니까?"

정치학을 공부하던 나로서는 당연한 질문이었으나 선생님께서는 대뜸,

"걷지도 못하는 놈이 뛰려고 하는구나."

하시는 것이 아닌가. 나는 무안해서 한동안 고개를 들지 못하

고 얼굴이 빨개지고 있는데 다시 고개를 조금 들어 선생님의 안색을 보니 언제 무안을 주었느냐는 듯이 고요하시다. 그러니 나도 평상심으로 돌아가는 것을 느꼈다. 선생님은 좀 여유를 두었다가 말씀하셨다.

"원각경에 '한마음이 깨끗하면 여러 마음이 깨끗하고, 여러 마음이 깨끗하면 팔만사천 다라니 문이 다 깨끗하다'는 말씀이 있지. 사회 정화니 무엇이니 어려운 이야기부터 할 것이 아니라 우선 자기가 밝아져야 하지 않겠느냐? 공부하는 사람은 우선 자기 어두운 것부터 알고 이를 밝히도록 해야 한다. 자기가 밝아지면 주위가 밝아지고 주위가 밝아지면 전체가 밝아진다. 자기와 주위가 둘이 아니기 때문이지."

조금 간격을 두신 다음에 선생님은 일행 중 한 여성을 손으로 가리키시며 말씀하셨다.

"공부는 일상생활의 간단한 것부터 바로 잡는데서 시작해야 할 것이다. 저기 저 사람의 앉은 자세를 보아라. 허리가 굽고 몸체가 옆으로 기울어지지 않았느냐?"

선생님은 몸소 당신의 등을 구부려 보이시면서,

"어떠냐? 내가 이렇게 하고 있으면 보기가 좋은가? 어떠냐?" 하셨다.

"아닙니다. 보기에 좋지 않습니다."

"그래. 보기에만 흉한 게 아니라 허리와 등을 구부리고 있으면 등뼈가 내장 속의 간장을 압박해서 눈도 나빠지고 여러가지 질병의 원인이 되지."

"그러면 어떻게 앉아야 바른 자세가 되겠습니까?"

"옳지. 밑에서부터 세 번째 등뼈 마디가 있는 곳을 바로 펴고 앉으면 자연히 바른 자세가 되지."

선생님 말씀을 듣는 사이에 어느덧 날이 저물고 있었다. 서편의 창으로 비쳐드는 석양을 받아 선생님의 얼굴은 황금빛으로 빛나 보였다.

우리는 일어날 줄 모르고 있는데 선생님께서,

"이제 해가 저 창문에 이르렀구나. 태양이 저기까지 오면 저녁때가 가까워짐을 알리는 것이다. 그대들도 갈 길이 바쁘지 않겠는가?" 하시는 말씀을 듣고서야 자리를 일어섰다. 물러가는 뜻으로 세 번 절하니 선생님께서는 앞서와 같이 발원해 주셨다.

공부의 시초

 그 날 이후로 나는 지식을 위한 독서가 아닌 신행(信行)으로서 금강경 독송을 시작했는데 그것이 오늘까지 계속되고 있고 앞으로도 계속 될 전망이니 선생님의 법력은 크시기도 하다. '꾀 많은 녀석', '약은 놈', '참을성 없는 사람', '따지기 잘하는 친구'라는 등의 호칭이 선생님이 한동안 나를 지칭하셨던 단어들이기 때문이다. 선생님의 감화가 아니었던들 어떻게 나 같은 박복한 중생이 바쁜 생활에 하루에 한두 시간씩을 내어 정좌하고 앉아서 경을 읽을 수 있었겠으며 하루 이틀이 아닌 오랜 세월 그 일을 계속해서 습관화할 수 있었겠는가?

 물론 처음 몇 주일은 '백 선생님 같이 명망 있는 분이 말씀하시는 것이니 어디 한번 해보자' 하는 생각에 무조건 따라 했었다고 하지만 그것을 계속할 수 있었던 이유는 선생님 말씀대로 '무엇인가 달라지는 것'을 점차 느꼈기 때문이다.

 선생님을 뵙기 전에는 경을 읽으려면 지식으로 무언가 알아야 한다는 생각이 앞섰기 때문에 한문으로 된 경의 뜻을 해석하느라고 바빠서 실제로 경을 읽기는 어려웠다. 선생님은 처음부터 뜻을 알려고 애쓰거나 무슨 대가를 바라고 경을 읽는 것이 아니라 무조건 읽으면 된다고 하셨다. 태양같이 밝은 지혜의 말씀인 금강경을 향하는 것이 중요하다는 것이다. 그래서 뜻을 헤아릴 생각을 접어두고 무조건 읽어보니 경을 손쉽게 소리 내어 읽을 수 있었다.

처음 며칠 금강경을 무조건 읽으니 무언가 달라지는 것을 느낄 수 있었다. 달라지는 것 중에 여러가지가 있었지만 가장 표시가 나는 것은 읽은 후에 나의 얼굴 모습이었다. 거울을 보고 나 자신의 얼굴이 전에 없이 피부가 고와지는 것을 느낄 수 있었으려니와 선생님 법을 따라 공부하는 분들의 모습을 보면 더욱 확실히 그러한 변화를 볼 수 있었다. 윤 선생의 인도로 선생님을 뵙게 된 후, 나는 두 사람의 친구들 이경숙, 정정자 양과 함께 세 사람이 한 팀이 되어 소사로 선생님을 찾아뵈면서 공부를 했다. 그런 일로 그들과는 법우가 되어 자주 만나곤 했는데 가끔 서로가 상대편의 얼굴이 환하게 광채를 띠고 있는 것을 보고 공부에 자극을 받았던 경험이 있다. 선생님께서는 그러한 현상을 "공기 중의 엑기스를 피부 세포가 흡수해서 그렇다"고 설명해 주시는가 하면 "사람은 그 마음을 연습하는 데 따라서 피부뿐만 아니라 뼈의 형태까지도 바꿀 수 있다"고 하셨다. 인과응보라는 말도 많이 들었고 '모든 것은 마음이 만드는 것이다'라는 말을 불교인이면 누구나 아는 문구이지만 정말로 중생들이 가장 소중히 여기는 이 육신이 마음의 연습에 의해 변화한다는 사실은 선생님에게서 처음 알았다.

그러고 보니 불교 공부가 정말 재미났다. 우리 세 사람은 서로 샘을 내기까지 하면서 열심히 공부를 했다. 다시 말하거니와 선생님의 공부법은 행하기는 어려울지 모르나 그 원리는 아주 간단하다. 아침, 저녁으로 금강경을 읽고 평소에는 떠오르는 생각, 보고 듣는 것, 부딪혀 오는 일들, 모든 것에 대하여 '미륵존여래불' 하고 바치는 것이 전부라고 할 수 있다. 처음 얼마간 선생님은 앞에 든 첫 번째 법문 내용을 약간씩 변형해서 되풀이해 말씀해 주시거나 어느 때는 무엇을 여쭈어 보든지 아예 "거기다 대고 '미륵존여래불' 해라" 하시는 것이 보통이었다. 또 어느 때는 그냥 "바쳐라" 하실 뿐이었다.

그러나 그 말씀 한 마디가 선생님을 뵈러 올 때까지의 모든 문제들을 저절로 해결해 주는 줄을 한참을 지나서야 느끼기 시작했다. "절에 계신 부처님의 영검이 따로 있는 것이 아니라 그 절에 밝은 도인이 계시면 부처님이 영검하다" 하시더니 선생님이야말로 도인이셨다. 선생님은 내 마음의 거울이시라, 비록 아무 말씀도 듣지 못하고 그냥 뵙기만 해도 내가 그 동안 어느 점이 잘못 되었었는지 깨닫게 되는 것이었다. 더구나 선생님이 자리에 계시지 않을 때도 적지 않았는데 그래도 선생님 계신 곳을 향해 갔었다는 사실만으로도 공부의 소득이 있었다. 그리고 선생님께서는 필요할 때마다 수시로 법문을 해주셨다.

살아가는 방법

선생님은 종종 "공부는 메소딕(methodic: 방법)이 되어야 한다"고 하시면서 공부와 관련이 없는, 즉 살아가는 방법에 관계되지 않는 주의 주장이나 질문에 대해서는 침묵을 하시거나 꾸짖어 주셨다. 간혹 "그건 질문이 안되지" 하시기도 하고 "그런 것, 나는 모른다"고도 하셨다.

어느 때 우리들과 동행했던 정재락 군이 선생님을 뵙고 다음과 같이 여쭈었다.

"선생님께서는 금강경을 읽으면 사람이 밝아진다고 말씀하시지만 저는 꼭 그렇다고 보지 않습니다. 왜냐하면 이 세상을 좀 넓게 보면 불교도 모르고 금강경이라는 이름도 모르면서 아주 밝고 착하게 사는 사람이 있으니까요. 그 점에 대해서는 솔직히 납득이 가지 않습니다."

'정말 그런 점도 있었구나' 하고 나는 선생님의 답변을 궁금하게 기다렸다. 선생님께서는 잠잠히 듣고 계시다가 반문하셨다.

"퀴리 부인과 아인슈타인 중에 어떤 사람이 과학자인가?"

질문을 했던 재락 군이 잠시 머뭇거리다가 "두 사람 모두 과학자입니다"

라고 했다. 나라도 그렇게 답변했을 것이다. 그러나 선생님은 말씀하셨다.

"아니지. 퀴리 부인은 발견자라고는 할 수 있어도 엄밀한 의미에서의 과학자는 아니야. 마담 퀴리는 일정한 과학적 방법, 즉 메소딕(methodic)을 적용하여 라듐을 발견한 것이 아니라 다른 일을 하다가 우연한 단서에 의해 그런 것을 찾아냈거든. 반면에 아인슈타인은 우연이 아닌 과학적 방법을 충실히 따른 결과 상대성 원리를 발견했지. 과학이란 어떤 우연한 결과를 이야기하는 것이 아니라 과학적 방법 자체를 말하는 것이지."

선생님은 우리들의 한마음을 어떻게 다스리고 마음을 어떻게 가져야 하느냐에 관해서 자주 말씀해 주시곤 했다. 어느 때 여섯 가지 바라밀에 관한 질문을 했더니 다음과 같이 말씀해 주셨다.

"육바라밀의 첫째인 보시(布施)란, 주는 마음을 연습하라는 것이다. 바라는 마음은 거지같은 마음이요, 주는 마음은 떳떳한 마음, 넓은 마음이니 주는 마음을 연습해야 하겠다. 그런데 여기서 주의할 것은 준다고 하니까 물건이나 무엇을 실제로 주어야만 한다고 생각하고 곤란하다고들 여기는데 보시의 뜻은 그것이 아니라 주는 마음을 내라는 것이다.

실제로 주고 안주고는 법률적인 문제, 경제적인 문제가 있을 것인 즉, 후에 따져 보아야 하겠지만 사람들은 우선 누가 달라고 하면

싫은 마음이 나게 마련인데 그때 주는 마음을 낼 수 있어야 한다는 거지. 실제로 주는 것은 고사하고 주는 마음도 못 낼 것이야 없을 터인데 그것이 그렇게 쉽지 않거든. 그리고 남에게 실제로 무엇을 줄 때도 마음으로 하는 연습이 매우 중요하지.

예를 들어 거지에게 물건을 준다면 그때 '거지에게 준다'는 마음으로 보시를 한다면 '거지'라는 마음을 찍어 두었으니 결국 자기가 거지가 되는 샘이지, 그러면 이럴 때는 어떻게 한다?"

"그거 정말 곤란하군요. 좀 가르쳐 주십시오."

"그럴 때에 '부처님'하는 마음으로 줄 수 있다면 자기는 부처님을 증(證)했으니 마음이 밝아질 수 밖에."

선생님은 법문을 계속 하셨다.

"다음으로 지계바라밀이란 마음에 미안한 짓 하지 말라는 것이다. 마음에 미안한 일을 넣어 두면 결국 성이 나게 되지. 예를 들어, 신체의 어느 부분이 불구가 된 사람에게 다른 이야기는 해도 다 괜찮은데 그 불구된 부분을 빗대서 말을 하면 성을 내는 것을 볼 수 있는데, 그것은 자기의 그 부분이 불구라는 마음을 넣어 두었기 때문이야.

다음으로 인욕바라밀이란 욕됨을 참는다는 것인데 그러기 위해서는 모든 사람을 부처님으로 대해야 한다는 것이야. 누가 자기에게 모욕을 준다고 해도 부처님이 나에게 무엇인가 일러주시는 것이라고 생각하면, 즉 배울 요량을 하면 문제가 없겠지."

선생님은 세 가지 바라밀만 말씀하시고 끝내시려는 표정이어서 다시 여쭈었다.

"그러면 정진(精進), 선정(禪定), 지혜(智慧)바라밀들은 어떤 것입니까?"

"옳지. 잘 물었다. 앞에서 말한 보시, 지계, 인욕의 세 가지 바라밀은 세상을 살아가는 방법인데, 그것이 옳다고 믿거든 부지런히 행하라. 이것이 정진바라밀이야. 그렇게 행하다 보면 마음이 고요해지니 그것이 선정바라밀이요, 마음이 고요해지면 무언가 알아지는 게 있는데 바로 그것이 바로 지혜바라밀이 아닌가."

금강경은 어떻게 읽을까?

선생님께서는 위와 같은 불교의 여러가지 실천 덕목도 금강경 독송을 아침, 저녁으로 함으로써 자연히 이루어진다고 하셨다.

어느 때 내가,

"선생님, 불교란 계(戒)·정(定)·혜(慧) 삼학(三學)을 닦는 것이라고 하는데 그것은 어떻게 하는 것입니까?" 하고 여쭈었더니,

"그래, 그럼 그대는 금강경을 읽어보니 해야 할 일과 안 해야 할 일을 구별할 수 있게 되던가? 어떻던가?" 하고 되물으셨다.

"네. 금강경을 읽으면 해야 할 일과 안해야 할 일이 자연히 알아지는 것 같습니다."

"옳지. 그것이 바로 계(戒)지. 그리고 그대는 금강경을 읽으니까 마음이 차분해 지던가? 아니면 더 헐떡거려 지더냐?"

"물론 마음이 차분해질 뿐 아니라 복잡하게 생각되던 일들도 금강경을 읽고 나면 정리되는 것을 여러 번 경험했습니다."

"그것이 바로 정(定)이 아니겠느냐. 그러면 다시, 그대는 금강경을 읽으니까 마음이 밝아지던가 아니면 더 컴컴해지던가? 어떻든?"

"그야 말씀드릴 것도 없이 밝아지지요."

"됐다. 그것이 혜(慧)이겠지."

그러면 금강경은 어떻게 읽을 것인가? 선생님은 금강경이란 3,000년 전 영산회상에서 석가모니 부처님께서 1,250인의 제자들을 앞에 놓고 수보리 존자와 대화하신 것을 적어 놓은 것이니, 그것을 읽을 때에는 자기 자신이 영산법회에 그들 1,250인의 한 사람으로 참여하고 있다는 기분으로 공경하는 마음을 내어 읽으면 된다고 하셨다. 그리고 독송용 금강경이 한문으로 되어 있어 읽기에 힘이 든다는 말에 대해서는 한문은 뜻글이기 때문에 애써 알려고 하지 말고 꾸준히 읽으면 자연히 그 뜻을 터득하게 된다고 말씀해 주셨다. 그것은 동양의 현인들과 서양의 현인들이 자기가 터득한 바를 글로써 적어 놓는 양식에 있어서 차이가 있기 때문이라고 하셨다.

서양의 현인들은 자기가 깨달은 진리를 써놓을 때는 평범한 사람들의 수준으로 다시 내려와서 그 정도에서 이해할 수 있게 설명을 해 놓는 반면에 동양의 현자들은 자기의 수준에서 그대로 이야기해 놓았기 때문에 읽는 사람도 무한히 그 수준으로 상승하려고 노력해야 그 정도만큼 터득할 수 있다는 것이다.

그런데 금강경을 읽을 때 정신집중이 되지 않고 수많은 잡생각이 떠올라 건성으로 읽는 경우가 있다. 어느 때 선생님을 뵙고 이 문제에 관한 법문을 들었다. 그때 선생님은 우리를 보시자,

"그래. 그렇게 금강경을 읽으니까 마음이 편해지던가, 어떻더냐?"

하시며 먼저 말씀을 꺼내셨다.

"네. 마음이 편해집니다. 선생님."

함께 간 경숙 양이 환희심에 찬 음성으로 대답했다.

"왜 그런가 하면, 금강경을 읽으면 부처님의 밝은 기운이 비치니까 헐떡거리는 마음이 쉬게 되지."

이때 함께 듣던 정자 양이 나섰다.

"선생님, 그런데 물론 금강경을 읽으면 마음이 편해지는 것은 사실이지만, 저는 연습이 아직 안되어서 그런지 경을 읽을 때 집중이 잘 안 되고 자꾸만 여러가지 생각들이 떠오르곤 해서 어느 때는 그저 건성으로 읽는 때가 많습니다. 이런 때는 어떻게 해야 하겠습니까?"

"그런것 걱정할 것 없지. 그건 네가 평소 마음에 그려 넣었던 것들이 금강경의 밝은 기운에 비춰져서 쏟아져 나오는 것이야. 그것들이 그대로 네 마음속에 잠자고 있으면 다 괴로움의 원인이 되는 것인데 밝은 기운 앞에 쏟아져 나오는 것이니 네가 편하지."

그렇다면 경은 많이 여러 번 읽을수록 좋은 것인가? 아니면 가장 적절한 횟수가 있는 것인가? 또 어떻게 하면 금강경이 잘 읽어질 수 있을까? 금강경 독송을 계속하다 보면 이러한 문제에 부딪치게 된다. 나는 공부를 하면서 소사로 선생님을 찾아뵙다 보니 자연히 선생님 모시고 그 곳에서 공부하는 제자들이나 또 우리들처럼 집에서 공부하면서 간간이 선생님께 들러 법문을 듣는 재가 불자들을 알게 되었다. 그러다 그들 중에는 금강경을 하루에 일곱 번씩 읽는 사람들도 있다는 것을 알았다. 그래서 나도 그들처럼 한번 해 볼 생각으로 노력을 해보았으나 별 효과가 없었을 뿐 아니라 오히려 자꾸만 핑계가 생기고 또 쏟아지는 잠을 어찌할 수 없었다. 남들은 한다는데 나는 왜 안되나? 우리는 다시 소사로 갔다.

그런데 그때 선생님께서는 마침 출타중이셨다. 우리는 법당에서 예를 올리고 그곳에서 선생님을 시봉하면서 공부하는 이광옥 시자에게 여러 번 간청해서 궁금한 점들을 문의했다. 시자는 자신의 의견을 말하기보다는 선생님이 가르쳐주신 대로만 이야기하려고 매우 신중한 태도였으나 정성껏 여러가지 공부하는 자세와 방법을 일러 주었다.

금강경을 잘 읽겠다는 욕심을 내어 읽으면 오히려 잘 안 된다. 금강경을 잘 읽고 싶으면 그럴 때마다 '모든 중생들이 금강경 잘 읽어서 부처님 잘 모시기 발원' 하든가 '모든 중생들이 신심 발심해서 부처님 전에 복 많이 짓기 발원' 하면 손쉽게 읽을 수가 있다는 것이다. 그리고 졸음이 오는 문제는 식사의 조절과 읽는 자세의 변화에 의해 해결할 수 있다고 시자는 말했다.

우선 저녁에 위가 차있으면 부담을 주어 졸음이 오고 뇌가 맑지 못하니 저녁 식사는 하지 않거나 아주 적게 먹는 것이 좋다. 실제로 소사에서는 선생님을 비롯해서 모두 아침 식사와 오후 두세 시경에 드는 식사 이외에는 오후 불식이라 해서 저녁 식사는 하지 않았다.

저녁에 위를 가능한 한 비워 놓으면 한결 졸음이 덜 오고 정신이 맑아진다는 것이다.

다음으로 금강경을 읽는 자세에는 반가부좌, 호궤, 장궤의 세 가지 방법이 있다고 하였다. 반가부좌는 우리가 보통 책상다리를 하고 앉는 형태로 한쪽발을 다른쪽 발 위에 포개놓고 바로 앉는 자세를 말한다. 그 자세에서 두 손으로 금강경을 받쳐 들고 읽으면 되는데 그때 팔꿈치를 몸에 붙인 자세가 좋다. 다음으로 호궤란 두 무릎을 꿇고 앉아 읽는 것이며 장궤란 호궤의 자세에서 무릎만 수직으로 펴서 상반신만을 일으켜 놓은 형태이다. 졸음이 올 때 반가부좌에서 호궤로, 호궤에서 다시 장궤로 바꾸면 잠을 쫓는데 많은 도움이 된다는 것이다.

과연 그 시자의 말대로 행하니 훨씬 수월하게 금강경을 읽을 수 있었다. 그렇게 몇 주일 계속했을 때, 또 어려운 일이 생겨서 선생님을 찾아뵙고 여쭈었다.

"선생님, 저희들은 수주일 전부터 금강경을 하루에 일곱 번씩 읽기로 정해 놓고 계속 공부를 해 왔는데 며칠 전 불가피한 일로 일곱 번을 채우지 못한 뒤부터는 전보다도 더 힘이 들고 잘 안읽어집니다."

"너무 기를 쓰고 하려고 하니까 그렇지. 그래서 내가 늘 그러지 않던? 공부를 잘 하겠다 하면 탐심이고 왜 안 되나 하면 진심이라고. 본래 성인에게는 다섯 번이니 일곱 번이니 하는 분별이 없는 것이다."

"보통 절에서는 백일기도니 사십구일 기도니 하는 것이 있는데, 그렇게 정해놓고 공부해 보면 어떻겠습니까?"

"그렇게 정해놓고 해 보면 자기 공부의 진도 나가는 것을 측정해 볼 수 있겠지. 그러나 힘에 겨운 일 정해 놓고 못한다고 하는 것보다는 그때그때 자꾸 공부하는 것이 낫지. 공부란 일정 기간에 몰아서 한꺼번에 하는 것이 아니라 일생 동안, 이번 생(生)에 못하면 다음 생에, 그렇게 세세생생(世世生生) 계속해야 하는 것이야."

"그런데 이번과 같이 금강경이 잘 안읽어질 때는 어떻게 합니까?"

"금강경을 자기가 읽겠다고 하니까 점점 더 안읽어지지."

"그러면 어떻게 해야 하겠습니까, 선생님?"

"어떻게 하는고 하니, 금강경을 읽다가 읽기가 싫어지면 자기가 읽겠다는 생각을 하지 말고 '금강경을 읽고 싶은 사람이나 읽어라' 그래보려무나."

"무슨 말씀이신지요?"

"무슨 말인고 하니, 금강경이 잘 안읽어질 때는 자기가 읽겠다고 애쓰지 말고 '모든 중생들이 금강경 잘 읽어서 부처님 잘 모시기 발원'을 해 보아라 그런 말이지. 그러다 보면 어느 틈에 바로 자기 입에서 금강경 읽는 소리가 날 것이다."

선생님의 말씀이었다. 나는 다시,

"그런데 경을 소리내어 읽으니까 주위 사람들이 무어라 하는 것 같고 실제로 시끄럽다고 항의하는 경우도 있습니다. 그럴 때도 계속해야 합니까?"

하고 질문했더니 선생님께서도 들은 말이라 하시며 다음과 같은 이야기를 해 주셨다.

그것은 선생님을 찾아뵈면서 집에서 공부하던 한 젊은이가 경험한 일이라 한다. 그는 셋방에 살면서 새벽이면 항상 금강경을 소리내어 읽곤 했는데 처음에는 안집 주인으로부터 안면방해를 한다고 해서 몇 번 항의를 받았다고 한다. 그래도 그는 경 읽는 것을 중단하지 않았다. 하루는 늦잠이 들어서 늘 읽던 그 시각에 경을 읽지 못하고 출근을 했다. 그런데 그 날 저녁 주인댁이 찾아오더니 "오늘은 왜 금강경을 안읽어서 나를 낭패하게 만들었느냐"하고 웃으면서 항의를 하더라는 것이다. 그 이유를 들어보니, 그 부인은 언제부터인지 그 젊은이의 금강경 읽는 소리를 듣고 잠을 깨어 아이들 학교 가는 시간에 맞게 밥을 짓는 등 준비를 했었는데, 그 날은 독경 소리가 들리지 않아서 제시간에 일어나지 못했다는 것이다.

바치는 공부

선생님께서는 이와 같이 금강경을 읽는 것을 공부의 기본으로 하라고 항상 말씀하시며, 한편 '미륵존여래불'을 같이 하라고 하셨다. 그러니까 아침, 저녁으로는 금강경을 읽고 평상시에는 부딪치는 사물, 떠오르는 모든 생각에다 대고 '미륵존여래불'하라는 것이다. 그리고 이 두 가지 공부, 즉 '금강경'을 독송하는 것과 '미륵존여래불'을 염불하는 것은 결국 바치는 공부에 귀착되는 것이다. 선생님의 바치는 공부란 마음을 비운다는 뜻도 되고 부처님께 드린다는 의미도 되는 것 같다. 마음속에 넣어 두었던 모든 것을 꺼내어 부처님께 드리는 것이니 불공(佛供)으로서는 이만한 것이 없다는 것이다. 싫은 것이건 좋은 것이건, 자기가 가지고 있는 모든 마음을 부처님께 바칠 수 있으면 자기는 항상 씩씩하고 밝게 된다고 하셨다. 그것은 다른 말로 부처님 마음과 자기 마음을 바꾸어 나가는 과정이라고도 하셨다. 금강경 독송과 '미륵존여래불'하는 것도 결국은 자기가 가지고 있는 컴컴한 마음을 바쳐서 밝게 되는 방법이라고 할 수 있다. 그래서 선생님을 뵙고 여러가지 문제들을 여쭈어 볼 때 그에 해당하는 법문을 해주실 때도 있지만 어떤 때는 "거기다 대고 미륵존여래불 해라" 또는 그냥 "바쳐라" 하시는 경우도 많았다.

어느 때인가 선생님을 뵙고,

"선생님, 요즈음 마음속에 어찌나 많은 생각이 떠오르는지 주체할 수가 없습니다."

했더니 선생님께서는 미소를 지으시면서,

"바로 그런 것들을 부처님께 바치라는 거야. 그런 것이 나오거든 '너 잘 왔다' 하고 얼른 바쳐라. 그런 걸 바치면 복이 쏟아지지."

하고 말씀하셨다.

"그런데 수 없이 나오는 생각들을 언제까지 바쳐야 하나요? 끝이 있습니까?"

"그런 것 걱정 말고 자꾸 바쳐라. 한 생각 바치지 않고 놓아두면 그것이 다시 올라올 때가 언제일지 알 수 없고 그 만큼 네가 밝아지지 못하는 것이야.

자꾸 바치면, 마치 창고에 물건이 가득 차서 어두운데, 거기 있는 물건들을 하나하나 꺼내면 마침내 그 안이 비어서 창문으로 밝은 햇살이 들어오듯이 자기 마음이 밝아질 수 있지. 그런데 그것이 엄청나게 많다고 미리 겁을 내니까 힘이 들지. 석가모니 부처님께서는 중생의 번뇌가 팔만사천 가지가 된다고 숫자까지 말씀해 주시지 않았는가."

또 어느 때인가는,

"선생님, 요즈음에는 진심이 자주 나는데 왜 그런지 모르겠습니다."

했더니 선생님께서 말씀하셨다.

"바치지 않고 제 궁리만 하고 있으니까 그렇지."

"네?"

"무슨 생각이든지 떠오르면 그걸 부처님께 바쳐야 하는데, 네가 제 궁리만 하고 앉아 있다는 말이다. 내가 항상 말하지 않더냐? 궁리 끝에는 악심(惡心) 밖에 나올 게 없어."

나는 꾸중을 들었지만 선생님 말씀에 감격해서 머리를 숙였다. 선생님은 잠시 조용히 계시다가 자비로운 눈길을 나에게 보내시면서 물으셨다.

"그러면 바친 끝에는 무엇이 나오겠느냐?"

"잘 모르겠습니다."

"바친 끝에는 즐거운 마음, 미소가 나오지."

그 후 어느 기회에 또 공부가 잘 안된다고 했더니 선생님은 말씀하셨다.

"이런 말이 있지. '네 배가 정히 고프면 불공 시간이 되었느니라' 하는 말이다."

"그런데 선생님, 아무리 바치려고 해도 잘 안바쳐지는데 어떻게 합니까?"

"잘 안바쳐진다는 마음, 바로 그걸 바쳐라."

선생님은 철저히 바치는 공부를 항상 강조하셨으며, 다른 공부는 자꾸만 자기 주위에 쌓아두니까 자기를 구속하지만 이 공부는 철저히 바치기 때문에 공부할수록 밝고 씩씩해진다고 하셨다.

    나는 금강경을 규칙적으로 읽으면서, 어느 때 어느 곳에서나 무엇이든지 부처님께 바치는 연습을 하라는 선생님의 가르침이야말로 불교로 들어가는 가장 빠른 길이라 느꼈다.

미륵존여래불

소사에 계신 백 선생님에게 가르침을 구하러 가는 사람은 대개 아침, 저녁으로 금강경을 읽고 평소에 떠오르는 생각이나 부딪치는 모든 사물에 대고 '미륵존여래불'을 해서 바치라는 말씀을 듣게 된다. 그러한 공부가 습관이 되면 마음이 답답할 때, 자기도 모르게 입에서 '미륵존여래불'이 나오고 심지어는 꿈속에서도 외치게 된다는 것이다. 우리도 그런 경험을 하기 시작했다. 예를 들어 한번은 꿈속에서 소에게 받힐 뻔했을 때 나도 모르게 '미륵존여래불'을 불러 위기(?)를 모면(謀免)하고 깨어난 적이 있었다. 선생님께 여쭈었더니 "옳지, 잘했다"고 대견스러워 하시면서 "그것이 한 조상의 원한을 해결한 것이다"라고 지적해 주셨다.

비단 꿈에서뿐만 아니라, 공부를 하게 되니 현실에서 부딪치는 문제들이 좋은 방향으로 해결되는가 하면 병이 낫는다든가, 재앙이 면해지는 현상을 경험할 수 있었다. 그 당시 나는 금강경을 읽기 시작한 후 건강이 크게 좋아졌고 정자 양은 10년 이상 백약이 듣지 않던 위장병이 깨끗이 나았다. 우리는 백 선생님을 통해 어렵게만 알고 있던 부처님의 정법을 쉽고 간결하게 이해하게 되었을 뿐만 아니라 부처님의 밝은 광명을 조금씩 생활 속에서 느끼기 시작하였다. 그러나 선생님은 '미륵존여래불'을 하라(즉 '미륵존여래불'을 마음으로 읽어서 귀로 듣도록 해라)고만 하셨지, 그분이 어떤 분인가에 관해서는 설명을 해주지 않았다. 우리는 경전도 찾아보고 여러 사람들의 이야기도 들어본 후 선생님께 여쭈어 보았다.

"선생님, 지난번 저희 셋이서 어떤 분에게 들었는데, 미륵존여래불은 석가모니불의 후계자로 영계를 지배하고 있으며 무슨 신장이 호위하고 있다고 하던데요…" 했더니 선생님은 간단히 "그 사람이 심심했던가 보구나, 그런 일 상관하지 말고 자꾸 바쳐라" 하실 뿐이었다.

그런데 그 다음 일요일에 뵈었을 때 선생님은 느닷없이 "거기다 대고 '금강반야바라밀경'하라"고 하셨다. 나는 의아한 표정으로 "그럼, 이제 '미륵존여래불'은 안합니까?" 하고 여쭈었더니 "글쎄, 거기다 대고 '금강반야바라밀경'하라니까" 하시고는 그 이상 설명이 없으셨다.

선생님 앞을 물러 나와서 우리는 여전히 전과 같이 '미륵존여래불'을 했다. 기껏 그동안 연습이 되었는데 또 바꾸라고 하시다니. 법을 세우시고 또 그리 쉽게 바꿀 수가 있는가 하는 생각에서였다. 그 다음 주에 뵈올 때도 선생님은 '금강반야바라밀경'하라고만 하신다. 나는 선생님의 처사가 온당치 않다는 생각이 들어 "미륵존여래불 하기가 좋고 습관이 벌써 되었는데 선생님은 왜 바꾸라고 하십니까?" 하고 좀 항의조로 나왔다. 그러나 선생님은 잠자코 나를 바라보시다가 우측 벽에 걸려 있는 당신 초상화에 한번 시선을 주신 후, 다음과 같은 이야기로 말머리를 돌리셨다.

전에 중국에서 어느 암자에 혼자 공부를 하고 있는 사람이 있었는데 암자 아래 냇가에서 빨래를 하던 여인네가 그에게 와서 물었다.

"스님은 여기서 무얼 하고 계십니까?"

"마조 대사라는 분이 '즉심즉불'(卽心卽佛; 마음이 곧 부처다) 하라고 해서 지금 '즉심즉불'하고 있네"라고 그는 대답했다. 얼마 후 냇가에 어떤 스님이 나타나서 그 여인네에게 물었다.

"저기 암자에 있는 중이 무엇을 하고 있느냐?"

"네, 마조 스님이란 분이 '즉심즉불'을 하라고 해서 '즉심즉불'을 하고 있답니다."

"그러면 그대는 그에게 가서 마조 대사가 이제는 '즉심즉불' 하지 말고 '무심무불'(無心無佛: 마음도 없고 부처도 없다)하라 하더라고 전해라."

그래서 그 여인은 다시 암자에 가서 말했다.

"스님. 지금도 '즉심즉불' 하시나요?"

"그렇지. 마조 대사께서 그렇게 일러 주었으니까."

"스님. 그런데 바로 그 마조 대사께서 이제는 '즉심즉불' 하지 말고 '무심무불' 하라고 하던 걸요."

그 말을 듣자, 그 암자의 중은 퉁명스럽게,

"그 중의 변덕이 죽 끓듯 하는구나."

하였고 그 후 마조 대사가 다시는 그 중에게 가지 않았다고 한다.

"그런데 대체 이게 무슨 말일까?"

선생님은 이야기를 마치시고 우리를 둘러보시면서 물으셨다.

"그 승려가 고집으로 컴컴해졌군요."

선생님 이야기에 열심히 귀를 기울이고 있던 나의 대답이었다. 그러나 그 말이 떨어지기가 무섭게 선생님은 손을 들어 나를 가리키시며 "네가 바로 그런 짓 잘하지" 하셨다. 나는 그때서야 나의 잘못을 깨우치게 되었고 그래서 그때부터 선생님의 말씀에 따라 '금강반야바라밀경'을 했다. 그 짧은 기간 중 경숙 양의 질문에 답하시며 우리에게 해주신 법문은 지금도 새롭다.

"선생님 저는 부서움을 잘 탑니다. 얼마 전에도 방에서 혼자 금강경을 읽는데 별안간 무서운 생각이 나서 견딜 수 없어 어머니 방으로 달려간 적이 있습니다."

"네가 이전에 마음에 쌓아두었던 것이 금강경을 읽으니까 쏟아져 나오는 거지."

"그러면, 그렇게 무서울 때는 어떻게 해야 하겠습니까?"

"그 무서운 생각을 꺼내어 앞에 내놓고 거기다 대고 '금강반야바라밀경'해라."

"…네."

경숙 양이 못 알아들은 표정이 되자 선생님은 다시,

"너, 이 앞에 놓여 있는 헝겊 끈을 한참 보고 있으면, 그것이 움직이느냐, 안 움직이느냐?"

"안 움직입니다. 선생님."

"그렇지. 안 움직여야 하는데, 한참 보고 있으면, 그것이 꿈틀꿈틀 움직이고 드디어는 뱀과 같이 생각되어 놀라 달아나지 않느냐? 그런가 안 그런가?"

"네, 그렇습니다. 그러면 그럴 때는 어떻게 해야 합니까? 선생님?"

"내가 그랬지. 거기다 대고 '금강반야바라밀경'하라고. 무서운 생각은 대개 목덜미를 통해 들어오는데, 거기에 대고 '금강반야바라밀경'하면 (당신 머리 뒤로 원을 그려 보이면서) 이렇게 밝아진다."

"네. 네. 선생님."

선생님의 말씀을 듣고 경숙 양은 거의 눈물을 글썽거리며 감격한 목소리로 말했다.

그리고 수개월이 지난 어느 날 선생님께서는 다시 '미륵존여래불' 하라고 하셨다. 내가 "그럼, 이제 '금강반야바라밀경'은 안 합니까?"

했더니 "그래도 좋고…거기다 대고 자꾸 '미륵존여래불'해라" 하셨다. 그리고 그때부터 선생님은 이전에 하시던 발원문 앞에 석가모니 부처님 시봉을 넣으셔서, "제도하시는 영산교주 석가모니불 시봉 잘 하겠습니다. 용화교주 미륵존여래불 공경을, 이 사람들이 각각 무시겁 업보 업장을 해탈 탈겁하여 모든 재앙은 소멸하고 소원을 성취해서 부처님 전에 환희심 내어 밝은 날과 같이 복 많이 짓기를 발원" 하셨다.

우리는 새로운 마음으로 '미륵존여래불'을 하고 금강경 독송을 했고 얼마 후 나는 선생님으로부터 미륵존여래불에 관하여 다음과 같은 법문을 들었다.

"그이가 서양에서는 아프로디테(그리스의 미美의 여신)로 나오는데, 원래 안다만(Andaman)국의 왕자로서 석가모니 부처님으로부터 수기(授記: 미래의 부처가 되리라는 예언을 해주는 것)를 받고 일곱 생을 닦아 성불 하셨지.

안다만국은 인도와 말레이 반도 사이에 있는 네 개의 섬으로 되어 있는데, 당시 안다만 왕자는 석가모니 부처님이 출현하셨음을 알고 큰 대나무로 만든 뗏목을 타고 조류를 거슬러 뱅골만을 건너 인도 대륙으로 가서 석가모니 부처님의 영산회상에 참여하셨다.

하루는 석가모니 부처님께서 법회에 참석한 1,250인의 대중을 관찰하시니 부처님을 향하고 있는 이들 모두가 다 환한 빛을 발하고 있는 것이 부처님과 조금도 다름없이 밝았다. 부처님은 이를 찬탄하시며 대중을 향하여 '이 사람들이 이렇게 밝은 것을 보니 결국 한마음 닦아 성불 하는구나' 하셨지. 그러나 이 말씀을 듣자마자 대중의 그 밝던 모습은 곧 다시 캄캄해졌다. 그들은 각각 '옳지 내가 내 마음 닦아 성불 하겠구나' 하는 생각을 내었기 때문이다. 그런데 그 중에서 한 사람만이 캄캄해지지 않고 오히려 더 밝은 빛을 발하고 있었으니 그이가 바로 안다만 왕자였던 것이다. 부처님은 이를 보시고 왕자에게 수기를 주어 말씀하시되 '너는 후일 부처를 이룰 것이니, 그 이름을 미륵존여래불이라 하리라'고 하셨다는 이야기다.

그분은 한마음 닦아 성불한다는 부처님 말씀을 듣고 자기가 부처가 되겠다는 마음을 내는 대신에 '부처님이 아니시면 이런 말씀을 어떻게 얻어 들을 수 있을까' 하고 더욱 부처님께 공경하는 마음을 내었으니 더욱 밝아질 수 밖에 없었던 것이다. 그분은 수기를 받은 후 절하고 물러갔는데 물속으로 들어갔다고도 하고 혹은 고향으로 돌아갔다고 전해오고 있다."

공부하는 사람의 마음가짐

    이 미륵존여래불의 설화는 선생님이 공부하는 사람의 가장 기본적인 자세로 공경심을 얼마나 강조하셨는가를 보여준다. 또한 선생님은 제 잘난 생각에 떨어지는 일과 자기 자신만을 위해 공부하는 좁은 마음을 경계하셨다. 어느 때 선생님께서는 우리들에게 "공부하는 사람은 무엇이 닥쳐와도 마음이 흔들리지 말아야 한다"고 하시면서 다음과 같은 이야기를 들려주셨다.

    옛날 어떤 사람이 밤중에 공부를 하고 있는데 자정쯤 되어 갑자기 배 없는 귀신이 나타났다. 그러나 그 사람은 조금도 놀라지 않고 "배가 없는 녀석이니 배고픈 걱정은 아예 없겠군" 하고는 공부를 계속 했더니 그 귀신이 어디론가 사라졌다. 그런데 다시 얼마를 지났을까, 이번에는 머리 없는 귀신이 앞에 다가왔다. 이번에도 그는 놀라지 않고 "아, 이 귀신은 머리가 없으니 골치가 아픈 일은 없겠구나"하고 공부를 계속했다. 그 귀신도 슬그머니 사라졌는데 새벽이 되어 곱게 단장을 한 예쁜 소녀가 어디선가 들어와서 그에게 공손히 절을 한 다음, "선생님은 참으로 훌륭하십니다. 어쩌면 그토록 마음이 움직이지 않으십니까?"하고 말했다. 그러나 그는 그 여인의 칭찬에도 조금도 움직이지 않고 "사실이 원래 그렇지 않은가?"라고 대답했다고 한다.

선생님은 또한 "공부하다가 뭐 좀 알았다고 해서 '이것이로구나, 이만하면 되었다'고 생각하여 그것을 붙잡으려 하면 안된다. 그럴수록 바쳐야 한다"고 하셨다. 서양 철학자 중에 상당한 정도로 깨친 독일의 칸트(Immanuel Kant)도 자기가 깨달은 것을 바치지 못하고 열두 개의 주머니(12범주를 뜻함)에 넣었기 때문에 다시 캄캄해졌다는 것이다.

칸트가 젊었을 때 친구와 함께 산책을 하고 있는데 어떤 사람이 갑자기 식칼을 들고 칸트에게 달려들었다. 동행자는 놀라서 피했으나 칸트는 조용히 칼을 든 사람에게 "오늘은 금요일이요" 했더니 그는 갑자기 공손히 절을 하면서 "선생님 실례했습니다" 하고 물러 갔다고 한다. 달아났던 친구가 돌아와 그 연유를 물은 즉 칸트는 "놀라울 것 없네. 그 사람은 푸줏간 주인인데, 나를 갑자기 소로 착각해서 칼을 들고 쫓아온 거야. 그런데 내가 오늘이 금요일이라고 일러주니까 무육일(금요일은 살생을 안하는 날)임을 알고 제정신을 찾은 것이지" 하고 대답했다고 한다. 그렇게 밝았던 칸트도 임종시에는 사과와 달걀을 구별하지 못할 정도로(동일한 원으로 보였기 때문에) 정신이 혼미했다고 한다.

실제로 선생님께서도 금강산에 계실 때 비슷한 경험을 하셨다는 말씀을 김웅태 씨와 함께 들은 기억이 난다. 그때 선생님은 암자에서 공부하고 계셨는데 하루는 앞을 보니 방 윗목에 당신의 모습을 닮은 분이 앉아서 당신의 옷을 날렵하게 깁고 있더라는 것이다. 선생님은 대견하고 신기한 마음이 들어 '바로 저것이로구나' 했더니 그 모습이 온데간데없이 사라졌다는 것이다.

또한 우리는 선생님으로부터 이기적인 공부보다 타인을 위해 마음을 쓰는 것이 중요한 것임을 배웠다. 세 사람이 팀을 이루어 선생님을 찾아뵙기 시작한지 2년쯤 되었을 때다. 경숙 양은 결혼을 하고 득남을 했는데 한동안 몸이 불편해서 입원을 했고 선생님을 찾아뵈올 엄두를 못 내었다. 어느 날 나머지 두 사람은 선생님을 뵈올 기회에 우선 그녀를 구해줄 방법부터 여쭈었다. 선생님께서는 "그 사람보고 금강경 잘 읽고 아픈 데다 대고 자꾸 '미륵존여래불' 하라고 해라. 그 병은 그 방법 밖에 없어" 하시면서 말씀을 이으셨다.

"전에 어떤 부인이 시집살이를 하는데 아이가 셋이나 되는데도 말 못하고 참아야 할 일이 많았던 모양이었지. 그 부인이 어느 날 나를 찾아와 애원을 하지 뭐냐. 가슴 속에 뭐가 단단히 뭉쳐 있어서 병원에 갔더니 의사가 그 덩어리를 수술해서 꺼내야 한다고 하는데 어떻게 하느냐는 거야. 내가 보니 그 부인이 만일 그 덩어리를 잘라내면 꼭 죽을 것이었다. 부인에게 그런 말을 했더니 '저도 수술은 무섭습니다. 그러니 선생님께서 요즈음 그 흔한 안찰기도라도 좀 해 주세요' 하고 떼를 쓰지 무어냐.

그런데 내가 그런 안찰기도 같은 일을 하던가, 안 하던가?"

"아닙니다. 선생님께서는 안찰 기도나 또는 그와 비슷한 일을 전혀 하시지 않습니다."

"암, 그렇지. 내가 그래서 부인에게 나는 그런 일 안한다고 하고서 스스로 금강경 읽고 바치는 공부를 하라고 일러주었지. 그랬더니 그 후 한참 만에 그 부인이 다시 와서는 이제 가슴에 있던 덩어리도 풀리고 밥맛도 좋아졌다고 하더라."

선생님은 말씀을 마치신 후 한동안 잠잠히 계시다가 나에게 시선을 돌리시고 환하게 웃으시고 말씀하셨다.

"천구, 네 얼굴이 많이 예뻐졌다."

처음으로 선생님이 개인적인 관심을 보여주시고 또 칭찬을 해주시니 어린애 같이 반갑고 황송했다. 그러나 그동안 배운 바가 있는지라 나는 얼른 대답했다.

"제가 좋아졌다면 다 선생님께서 보살펴 주신 덕분이겠지요."

"그거보다도… 네가 남을 구하려는 마음을 내니까 결국 네가 구원을 받는 거지."

"그런 이치가 있습니까?"

"그럼… 내가 이야기 하나 할까?"

"네, 선생님. 잘 듣겠습니다."

"세조 대왕이 온 몸에 부스럼이 나서 고생할 때, 그는 다른 사람들이 흉한 자기 몸을 보지 못하도록 호위병을 세워놓고 목욕을 하곤 했지. 만일 대왕의 목욕 장소에 들어오는 자가 있으면 가차없이 처치하도록 엄명이 내려져 있었다.

어느 날이었다. 대왕은 그 날도 호위병을 세워놓고 목욕을 하고 있는데, 어디선가 잘생긴 동자 하나가 들어와서 대왕의 부스럼 난 몸을 씻어 주는 것이 아닌가. 대왕은 동자의 손길이 하도 시원해서 가만히 있다가 몸을 다 씻어주고 동자가 밖으로 나가려고 하자 그를 다치지 않게 하려고 '너, 호위병을 만나거든 대왕을 못 보았다고 해라'고 일렀지. 만일 대왕을 보았다고 하면 호위병들이 동자를 죽일 것이니까. 그런데 동자는 오히려 싱긋 웃으면서 '대왕께서는 문수 동자를 보았다고 하지 마시오' 하고는 곧 어디론가 사라졌지. 그 후 대왕의 부스럼은 깨끗이 나았다는 거야."

세조 대왕을 씻어주던 그 동자는 바로 문수보살이었다고 한다. 그 후 세조는 고마움의 표시로 오대산 상원사 법당에 문수동자 상을 세웠고 오늘도 그 동자 상을 볼 수 있다.

선생님 말씀이 끝나고 얼마 후 나는 금강경 중 의문나는 구절이 생각나서 여쭈었다.

"선생님, 금강경 21품에 있는 '중생, 중생이라지만 여래께서 말씀하신 것은 중생이 아님으로 중생이라고 부르는 것이니라' 는 말씀은 무슨 뜻인지 가르쳐 주시기 바랍니다."

"중생, 중생이라 하지만 그 이름이 중생이지 부처님 회상(會上)에 왔는데 그게 보살이지 어디 중생이겠느냐 하는 말씀이다. 무슨 말인지 알겠느냐?"

"네, 선생님."

소사(素沙)의 생활

우리는 기쁜 마음으로 선생님께 하직을 고하는 삼배를 드렸다. 선생님께서는 예의 "제도하시는 영산교주 석가모니불, 시봉 잘 하겠습니다. 용화교주 미륵존여래불 공경을, 이 부부와 그리고 이들과 인연 있는 모든 권속들이 무시겁 업보 업장을 해탈 탈겁하여 모든 재앙을 소멸하고 소원은 성취해서 부처님 시봉, 밝은 날과 같이 복 많이 짓기를 발원" 하고 원을 세워주셨다.

사실 그동안 우리 두 사람은 결혼을 하게 되었는데 공부하는 인연으로 만난 것을 기리는 뜻에서 신혼 여행지로 이의 없이 선생님이 계시는 소사의 백성목장을 택했었다. 물론 선생님께 사전 승낙을 받은 것은 아니었으나 가면 받아 주실 것으로 믿었다

서울에서 영등포와 오류동을 거쳐 경인 국도를 승용차로 30~40분쯤 달리면 소사 삼거리가 나오고 거기서 좌측 길로 접어들어 2킬로쯤 가면 오른편 산기슭에 백성목장이 보인다. 우리는 '거절하시면 어쩌나'하는 일말의 불안감을 지닌 채 선생님을 뵙고 청을 드렸더니 "그래, 핑계 삼아 여기서 있어 보겠다는 거지" 하시면서 허락해 주셨다.

법당 본채에서 우측 산길을 따라 조금 올라가면 소를 기르던 우사(牛舍)가 있고 우사 아래편에는 간단한 초막이 있었다. 선생님께서 이곳 소사에 오신 다음, 모시고 공부하기를 원하는 사람들이 있어 이곳에는 항상 서너 명의 공부하는 시자(侍者)들이 있었다. 강대관, 강대흡, 권정애, 김동규, 김원수, 김재웅, 김정섭, 김철수, 김현주, 남창우, 송완호, 신금화, 오경근, 이광옥, 이병수, 이선우, 이지수, 전덕순, 정익영, 허만권 씨 등 많은 불자(佛子)들이 각각 수개월에서 수년까지 이곳 백성목장에서 선생님을 직접 모시고 낮에는 일하고 밤에는 경을 읽으며 공부에 전념했던 것이다. 또 금강산에서부터 선생님을 따라 공부해 왔으며 해방 전 서울에 돌아와서 삼선교에서 법당을 운영해 오신 장선재 보살과 그 따님 전경림 보살이 이끄는 불자(佛子)들이 매월 스무 하룻날 정기적으로 선생님께 법문을 들으러 왔고, 우리 일행과 강만원, 강신원, 김웅태, 김정호, 민백기, 박현희, 박현식, 박현길, 송재영, 윤영흠, 이건호, 최의식 씨 등 많은 사람들이 집에서 금강경을 공부하면서 수시로 선생님의 지도를 받으러 왔기 때문에 이곳 백성목장에는 사람들의 발길이 끊이질 않았다.

　　우리는 사실 그동안 소사에서 공부하는 분들이 부러웠고 그 생활이 궁금했기 때문에 선생님의 허락이 있자 신혼의 기분보다 미지의 소사 생활에 대한 기대가 더 컸다. 이병수 씨의 안내로 우리는 우사에 딸린 공부방에 여장을 풀었다. 금강경 독송과 정진으로 신혼 첫날밤을 거의 지새운 다음 새벽 4시가 못되어 일어나 도반들과 함께 법당에서 매일 열리는 새벽 법회에 참석할 수 있었다. 법회에는 당시 그곳에서 공부하고 있던 강대관, 김정섭, 신금화, 이병수씨 등과 삼칠일 기도를 위해 와 있던 강신원 씨가 참여했다.

백 선생님이 주재하시는 소사에서의 새벽 법회는 우리가 상상할 수 있는 어떤 부처님 회상(會上)을 상기시켰다. 방석 위에 정좌하시어 법문하시는 선생님의 모습은 그 어느 때 보다도 힘차고 광채가 나 보였다. 제자들은 차례로 공부하면서 느낀 점, 의문나는 점을 선생님께 여쭈었고 그에 대한 법문을 들었다.

법회가 끝나면 각자 목욕하고 경 읽고, 또 주변을 정돈한 다음 8시 가까이쯤 아침 공양을 들고 해가 질 때까지 나무를 하든가 밭을 손보는 등 각자의 일을 찾아 한다. 선생님은 "육체는 규칙적으로 일하고 정신은 절대로 가만히 놓아두는 것"이 건강한 생활이라고 하셨다. 이곳은 말하자면 그러한 건강한 생활을 실천하는 도량이다. 식사도 이곳에서는 아침 공양과 오후 2, 3시경의 점심 공양이 있을 뿐이고 저녁에는 오후 불식(不食)이라 해서 음식을 들지 않는다. 선생님이 계시던 당시에 이곳 소사 도량은 그 평화로움과 밝은 기운이 동구 밖 동리 입구에 들어설 때부터 느낄 수 있었다. 특히 법당 주위에 아카시아 꽃과 복숭아 꽃 향내가 은은한 봄이면 선생님께서도 종종 흰옷에 밀짚모자를 쓰시고 마당에 나오시어 풀을 고르고 계시는 때가 있었는데 그러한 순간의 선생님 모습은 우리에게 말로 표현할 수 없는 깊은 감동을 주었다.

우리는 삼일 간 소사에서 지냈다. 선생님은 소사에 이틀 간 계시다가 서울 아현동 사가(私家)로 가셨다. 그때쯤 여러가지 사정으로 선생님은 아현동에 많이 계시고 소사에 자주 들리시지 않았는데 우리가 신혼여행을 갔을 때 마침 선생님께서 이곳에 오셨다고 이병수 씨 등은 우리의 큰 복이라고 이야기 해주었다. 사실 그 후 소사에서의 삼일 간의 신혼여행 기간의 기억은 우리 일생에 있어서 항상 신선한 자극을 주는, 어느 시기와도 바꿀 수 없는 귀중한 시간이 되었다.

선생님을 모시는 일

우리는 시간이 갈수록 선생님의 은혜를 느끼게 되었고 자연히 무언가 보답을 드려야 하겠다는 생각이 들었다. 그래서 어느 날 선생님께,

"선생님, 저희들은 이렇게 저희들을 이끌어 주시는데 보답해 드리지 못하고 오는 길에 공양드릴 것이라도 마련하려고 늘 고심하는데, 선생님은 무엇을 잘 드시는지요?"

하고 여쭈었더니, 선생님은 웃으시면서,

"그런 것 걱정하지 마라. 나는 너희들이 좋아하는 것은 다 좋아한다"고 하셨다. 어느 때는 또,

"선생님께 다니면서, 가난하지만 저희들도 무엇인가 보시(布施)를 했으면 하는 생각이 들었는데, 어느 곳에 어떻게 할지를 몰라 망설이고 있습니다."

했더니 선생님은,

"우리 공부하는 사람들에게도 십일조라는 것이 있지"하고 말씀하셨다.

"불교에서 십일조라는 것은 어떻게 하는 겁니까?"

"원래 모든 것을 다 부처님께 바쳐야 하는데, 재물은 실제로 그럴 수 없으니 우선 수입의 10분의 1이라도 떼어서 밝은 일을 위해 쓰라는 것이지. 10분의 1을 바치는 연습을 하면 나중에 자기의 전부를 부처님께 바칠 수 있다는 것이 그 취지이다."

"저희들로서는 어떤 것이 밝은 일인지 아직 구분이 안 되는 걸요…?"

"자기가 할 수 없으면 밝은이에게 바치면 되지."

"그러면, 저희들은 선생님께 드려도 될까요?"

"글쎄, 그래도 되고…"

선생님은 저절로 우리들의 존경심이 우러나오도록 하셨고, 우리들이 바른 길을 벗어나지 않도록 인도해 주실 뿐이었다. 또 "자기 공부가 급한데 다른 곳에 한눈 팔 여유가 있느냐"고 하시면서 공부 이외의 일에 관심을 쓰거나 주제넘게 이 사람 저 사람 선생님께 인도해 같이 오는 것을 꾸짖어 주셨다. 그래서 삼선교 장선재 보살님과 그 따님 전경림 보살을 비롯한 여러 사람들은 선생님 친견을 원하는 초심자가 있으면 우선 삼칠일이나 백일쯤 금강경 독송 공부를 하게 한 다음 매우 조심스럽게 선생님께 인도하였다.

그런데 가끔 우리는 사회에서 우리 백 선생님의 밝은 가르침을 두려워해 비난의 말을 지어하는 이야기도 들을 수 있었다. 그때는 참으로 마음의 갈등을 느끼기도 했다. 이에 대해 어느 때 경숙 양이 선생님께 여쭈어 보았다.

"선생님, 얼마 전 어떤 사람은 제가 선생님께 다니며 공부한다는 이야기를 듣고 선생님에 대한 좋지 않은 이야기를 하는데 그 이야기를 들으니 마음이 매우 불편합니다."

선생님은 조용히 들으신 후,

"그러면 그대 생각에 어떠하냐? 선생님을 비난하는 말을 들을 때 귀를 찌르는 아픔을 느끼면서 괴로워하는 것이 좋은가, 아니면 그래도 마음이 굳건히 동요하지 않는 것이 좋으냐?"

"괴로워하는 것보다는 꿋꿋하게 움직이지 않는 것이 의젓한 태도입니다."

"그래, 그러면 이제 되었다."

그 후 나는 선생님을 뵙고 내 생각을 말씀드렸다.

"선생님을 뵙기 전에, 저는 불교가 이론은 좋으나 현실에서는 이루어질 수 없는 하나의 이상(理想)을 미화해 놓은 것이라 생각했습니다. 선생님을 뵙고부터 불교는 이상만이 아니라 가능한 사실이라는 것을 믿을 수 있게 되었습니다. 제가 아는 한 이 세상에서 선생님보다 높고 밝으신 분은 다시 없다고 믿습니다."

"잘 찾아보면 있겠지. 그러나 마음이 같은 사람은 찾기 쉽지 않을 거다."

"저는 선생님으로부터 다행히 바른 법을 듣게 되었습니다만, 선생님께서는 어느 선생님으로부터 배우셨는가요?"

나의 당돌한 질문에 선생님은 미소를 지어 우리들을 가리키면서 말씀하셨다.

"이렇게 찾아와서 이것저것 일러주는 사람들이 다 선생님이지."

사회생활의 지혜

선생님은 공부하는 사람이 사회생활을 지혜롭게 하는 방법에 관해서도 그때그때 설해주셨다. 자기 일을 경영하는 사람은 그 일을 자기가 잘 살겠다고 하기 보다는 그 일로 부처님 모시겠다는 마음으로 하라. 남의 밑에서 봉급을 받고 일을 하는 사람은 자기 봉급의 세 배 이상의 일을 하겠다는 자세를 가져라. 그래야 남이 시키는 일을 하는 것이 아니라 자기가 떳떳한 주인의 마음으로 일할 수 있다. 어느 곳에 가든지 그 곳에서 필요한 사람이 되라. 남의 눈치를 살피지 말고 당당한 자세를 갖되 안되는 일 억지로 하지 말고 되는 일 안 하지 말라.

선생님은 또한 중국의 순(舜)임금, 우(禹)임금의 고사(故事)도 들려주시며, 순임금의 어질고 지혜로운 행동과 우임금의 실행력을 높이 평가하셨다. 우배창언(禹拜昌言; 우禹는 훌륭한 말에 절했다는 서경書經 대우모大禹謨 편의 말씀)이라 하시면서 공부하는 사람은 자기를 나무라는(꾸짖는) 사람에게 절할 줄 알아야 한다고 하셨다.

한번은 내가 시골에서 자랄 때의 일을 말씀드리는 가운데, 어릴 때 황새 둥지에 올라가 보니 '깨끗하고 흰 황새가 독하고 흉한 뱀을 먹고 사는 것을 알았다'고 했더니 선생님께서 반문하셨다.

"그런데 학과 닭은 어떻게 달라 보이던?"

"네, 학은 청초하고 닭은 좀 지저분해 보입니다."

"그건 왜 그럴까?"

"잘 모르겠습니다. 선생님. 좀 가르쳐 주십시오."

"먹는 방식이 다르지. 닭은 늘 모이주머니를 꽉 채우기 때문에 무거워서 사람들 주위에 의지해서 살고, 학은 늘 위(胃)를 7할 가량밖에 채우지 않기 때문에 자유롭고 깨끗해 보이는 것이다."

어느 때는 정재락 씨 이경숙 씨 부부와 함께 선생님을 뵈었더니,

"재락이는 요즈음 공부 잘하고 있니?"

하고 물으셨다.

"웬걸요, 선생님, 요즈음 저희들 부부가 자주 다투었습니다."

"왜? 둘이 좋아서 결혼하더니 이제는 밉든?"

"네, 선생님, 다투고 있을 때 그냥 저 사람이 밉고 답답합니다."

"그래? 그럼, 그런 밉고 답답한 마음이 경숙이 마음이던가, 재락이 네 마음이던가?"

"물론 제 마음이지요, 선생님."

"그러니까, 그 마음을 부처님께 바치면 되겠구나. 그게 경숙이 것인가 하고 그애 얼굴을 들여다보니까 화가 나지, 그게 제 마음인 줄 알면 바칠 수 있으니 문제가 없겠지?"

"그러나 다투고 있을 때는 어디 그런 생각이 납니까? 미운 생각이 앞서는 걸요."

"그래서 내가 늘 무어라고 그러던가? 사람을 무엇으로 대하라고 하더냐?"

"네, 사람을 부처님같이 대하라고 하셨습니다."

"옳지. 사람을 부처님으로 대하여야 하지. 그렇지 않으면 서로 싸울 수 밖에 없지."

선생님은 이렇게 생활의 실제 문제에 대해 알기 쉽게 그리고 인상 깊게 우리들이 가야 할 방향을 제시해 주셨다. 그 당시 나는 다니던 직장에서 상사(上司)가 하는 일에 불평이 생겨서 직장을 그만두는 문제를 심각히 생각한 적이 있었다. 그 문제를 선생님께 하소연했더니,

"그래서 그 이사장과 합의를 해서 사직을 했단 말이지?"하고 반문하셨다.

"아닙니다. 아직 합의를 본 것이 아니고 그렇게 하기로 마음속으로 결심을 하고 있습니다."

"심심하니까, 할 일은 하지 않고 궁리만 하고 있구나. 내가 늘 말했지. 궁리 끝에는 악심이 나온다고."

"하지만, 그 사람과 함께 지내면 저도 같이 나쁜 사람이 될까 걱정입니다. 이번엔 정말 그만두어야겠습니다."

그러나 선생님은 조용히 듣고 계시다가 바른편 손을 들어 넌지

시 나의 가슴을 가리키시고 시선(視線)은 옆에 함께 있던 나의 아내를 보시면서 말씀하셨다.

"공부를 하다 보면 아상(我相: '나'라는 생각, 제 잘난 마음)이 자꾸만 튀어나오는데, 아상이란 놈은 일을 되도록 하는 것이 아니라 자꾸만 일을 안되도록 하지. 무슨 말인지 알겠느냐?"

이때 아내가 선생님께 동조하였다.

"네, 그렇습니다. 선생님. 제가 옆에서 보기에 별 일도 아닌 것 같은데 저 사람은 공연히 직장에서 못 견디겠다고 하고 그만둔다고 하니 무슨 영문인지 모르겠어요."

"그게 다 심심해서 그래."

선생님 말씀에 나는 무안해졌지만 다시 한번 더 여쭈어 보았다.

"그러나 그런 나쁜 사람과 함께 있으면 공부하는 사람에게는 얻을 것이 없지 않겠습니까?"

"그렇지 않지. 그 사람이 그런 짓 하거든 너는 자꾸 거기다 대고 공부하고 그 사람 얼굴에 대고 '미륵존여래불'하거라. 그러면 그 사람이 컴컴해지는 것만큼 너는 밝아지지 않겠느냐?"

공부하는 사람일수록 넓은 마음을 가져야 한다는 것을 나는 그 후 삼선교의 전경림 보살님이 들려주는 선생님 이야기를 듣고 다시 깨우칠 수 있었다.

어느 때 백 선생님은 길을 가시다가 가정불화로 약을 먹어 위장이 상해서 음식을 넘기지 못하고 길모퉁이에서 토하고 있는 여인을 발견하셨다. 선생님은 '저런 행동이 바로 아귀와 같다' 하시며 승용차에 태워 전 보살님이 공부하는 거처에 데려다 놓고 삼선교 할머니 모녀분으로 하여금 귀한 독일제 약을 투여하면서 치료를 하도록 하신 적이 있다고 한다. 그때 전 보살님은 '왜 선생님은 아무 상관없는 아귀 같은 사람을 데려다가 공부도 못하게 하고 귀찮은 일을 하게 하시나'하며 불평이 생기게 되었다고 한다. 더욱이 그 여인은 미안한 태도나 고마워하는 표정도 없이 자기 괴로움을 못이겨 밤새도록 소리를 지르고 했기 때문에 전 보살님은 그 어머니 앞에서 선생님의 처사에 대해 더욱 불평을 말하게 되었다. 그런데 그때 선생님께서 그러한 불평을 알고 계시듯 나타나시어 "주는 자의 마음은 받는 자의 마음이 변변치 못하다고 해서 탓하지 아니 하느니라"고 말씀하셨다는 것이다. 그 후 두 보살님은 기쁜 마음으로 그 여인을 간호하여 완쾌시킬 수 있었다고 한다.

현재심(現在心)을 살려라

 우리는 그 후에도 선생님께 기회 있을 때마다 여러가지 질문을 드리고 법문을 들었는데 그 중 몇 가지를 적어본다.
 "금강경 18품에 '과거의 마음 얻을 수 없고, 현재의 마음 얻을 수 없으며, 미래의 마음 얻을 수 없느니라'(과거심불가득 현재심불가득 미래심불가득)는 말씀은 무슨 뜻입니까?"
 선생님은 말씀하셨다.
 "그럼 너는 지나간 과거의 일을 되돌릴 수 있다고 생각하느냐?"
 "그럴 수 없습니다. 선생님."
 "그러니까 과거심불가득이지. 그러면 다음으로 너는 미래의 일을 지금 가져올 수 있다고 보느냐?"
 "역시 불가능합니다."
 "옳지. 그게 미래심불가득이 아니겠느냐? 그러니까 공부하는 사람은 지나간 일이나 장래의 일에 마음을 빼앗기지 말고 항상 현재에 충실해야 하느니라. 그래서 나는 늘 너희들에게 현재심을 연습하는 것이 공부하는 자세라고 하지 않던가?"
 "네, 그렇습니다. 그런데, 왜 또 현재심도 불가득이라고 합니까?"

"옳지. 잘 질문했다. 그것은 왜 그런가 하니, 현재심을 살리는 공부를 하되, 현재심을 바치지 않고 '이것이로구나' 하고 붙잡게 되면 그것은 이미 현재가 아니기 때문이다."

"선생님 내세(來世)라는 것이 있습니까? 사람이 죽은 후에는 어떻게 됩니까?"라는 질문을 처음 드렸을 때는,

"그런 것은 왜 묻느냐. 나는 모른다."

하시더니 얼마 후 다시 같은 질문을 드렸더니 말문을 여시었다.

"내가 옛이야기 하나 하지. 전에 오스트리아 비엔나에 주교(主敎) 세 사람이 있었는데 신을 받들고 남에게 내세에 관한 설교도 하면서 잘 지내고 있었으나 죽은 후에 어떻게 될 것인가에 대해서는 그 중 아무도 스스로는 확신을 가질 수 없었다.

어느 날 세 주교는 함께 사후(死後)의 문제에 관해 오랜 토론을 벌인 끝에 그 중에서 먼저 죽는 사람이 나머지 사람들에게 사후에 세계에 대해 알려주기로 약속을 했다. 얼마 후 그 중 한 사람이 죽었고 나머지 두 사람은 죽은 동료가 사후 세계를 알려줄 것을 기다리고 있었다. 그러던 어느 날 드디어 약속대로 죽은 동료가 큰 벽거울 속에 나타났다. 그런데 거울 속에는 그 주교가 살아 있을 때와 마찬가지로 다른 두 친구와 함께 사후 세계에 관해 토론하고 있을 뿐이었다. 무슨 말인지 알겠느냐?"

"네, 자기가 공부해서 터득하기 전에는 이론만으로 죽음에 대한 의문을 풀 수 없겠군요."

"글쎄, 자꾸 바치는 것이 바쁜데 공부하는 사람이 그런 것 따지고 있을 겨를이 있겠느냐?"

나는 또 견성(見性)에 대해서도 궁금하여 질문을 했는데 선생님은 그것도 처음에는 "나는 그런 것 모른다. 그런 것은 몰라야 돼" 하셨다. 두 번째로 견성을 문의했을 때 선생님은 "옛날 내가 금강산에서 공부할 때 산길을 가는데 길 옆 바위 위에 커다랗게 견성암(見性岩)이라고 써놓았길래 그런 게 있나보다 했더니 오늘 네가 견성을 묻는구나" 하실 뿐이었다.

나는 그 후 다시 기회를 보아 "선생님, 견성이란 무엇인지 궁금합니다" 했더니, "견성이란 제 성품(性品)을 본다는 것인데 자기 못난 모습을 본 것이 대단할 것도 없고 자랑스러울 것은 더욱 없지" 하셨다.

선생님은 금강경 제5품의 4구게(四句偈)를 가끔 인용 하셨다.

"네가 생각할 수 있는 모든 것은 다 거짓말이다. 그리고 그게 다 거짓말인 줄 알 것 같으면, 부처님의 마음을 알 수 있을 것이다." 이게 무슨 말인지 알겠느냐?"

"잘 모르겠습니다."

"잘 몰라? 그럼, 이건 무슨 뜻이지?"

하고는 선생님은 시(詩) 한 구절을 천천히 인용하셨다.

매화(梅花) 가지 위에

　　밝은 달이 걸렸는데,

　　매화를 보고 나니

　　달은 이미 간 곳 없네.

"역시 무슨 뜻인지 잘 모르겠습니다."

"그래 앞에 말과 같은 뜻인데… 모른다는 게 정직하지. 억지로 알려고 하지 말고 자꾸 바쳐라."

말씀 없는 가르침

선생님의 법문은 그 자리에서 문맥을 내 나름대로 이해할 수 있는 내용이 있는가 하면 평이한 내용인데도 듣고 있을 때는 전혀 그 뜻을 알 수 없는 경우도 많았다. 그것은 선생님의 법문이 단순한 이야기가 아니라 듣는 사람의 그 당시 용심(用心)에 따라 그 마음을 닦게 해주시는 법문이기 때문이다. 그래서 어떤 법문은 선생님 앞을 물러나 집에 돌아오는 길에 터득이 될 때도 있고 때로는 몇 달 또는 몇 년 후 우연한 계기를 만나 그 뜻이 사무쳐 느껴오는 경우도 있다. 또한 전혀 기억할 수도 이해할 수도 없는 법문이 있는가 하면 기억은 하되 이해할 수 없는 말씀도 있어 다만 듣는 사람의 정도에 따라 그 일부만을 이해할 뿐이다.

선생님은 어느 때는 세계의 움직임을 손안에 넣고 보듯이 국제정세를 강의해 주시는가 하면 또 우리들을 히말라야 정상에서부터 브라마푸트라강(江), 인더스강, 뱅골만(彎), 메콩강, 티베트 등으로 안내해 주시고 데바닷다와 문수보살의 이야기에서부터 스탈린과 맥아더의 일화를 인용하시는 등 세계의 지리와 역사에 관한 광범위하고 소상한 견문을 재료로 삼아 우리들을 깨우쳐 주셨다. 곤륜산

정상에서 날아서 인도양에 내려와 먹이를 찾는 큰 새의 생태와 백두산에서 날아 제주도 앞바다에서 먹을 것을 찾는 씩씩한 보라매의 이야기, 곤륜산에서 나는 보석과 약초에 관한 말씀 등 선생님의 법문의 세계는 바다와 같았고 그 맛은 정말 일미(一味)였다.

우리는 공부를 계속하면서 선생님의 가르침이 그 말씀뿐만 아니라 표정과 제스처, 그리고 하시는 일에서도 나타나고 있음을 느끼게 되었다. 선생님은 어느 때는 전혀 모르는 사람을 대하시는 듯이 무관심하신 것 같이 보이는가 하면 우리들이 각각 어떤 문제를 가지고 있으며 현재 무슨 생각을 지니고 있는가를 환히 알고 계시면서 적절한 기회에 우리 스스로가 바른 길을 터득할 수 있도록 지도해 주셨다.

소사로 신혼여행을 갈 무렵인 1974년 말경부터 선생님은 소사에 계신 때보다 아현동 아파트에 기거하시는 때가 많아 우리 부부는 소사를 끝까지 지키고 있던 이병수 씨에게 물어 아현동으로 선생님을 찾아뵙기 시작하였다. 내가 당시 7독(讀)을 습관화할 만큼 열심히 공부해서 그런지 아현동에서 선생님은 일요일마다 찾아뵙고 법문을 청하는 나를 은근히 북돋아 주시고 기운을 불어 넣어 주셨다. 선생님은 나에게 '너는 이제 급행열차를 탔다' 하시었고 나는 내 공부가 곧 어떤 성취점을 향해 접근하고 있다는 암시 비슷한 것을 느끼고 있어서 공부에 더욱 분발심을 내었다. 당시 선생님의 법문은 우리나라의 역사적 인물들을 많이 인용하시었고 때로는 우리 국토의 여러 곳을 눈앞에 보듯이 그려 보여 주셨다. 선생님은 아산만을 이야기하시다가 곧 개성(開城)으로 무대를 옮기시고 다시 평양을 거쳐 신의주로 나아갔다가 훌쩍 압록강을 넘어 만주 길림성(吉林省)으로 그리고는 봉천(奉天; 지금의 심양)까지 진출했다. 선생님에게 이끌려 우리의 마음은 이미 휴전선을 무너뜨리고 고구려와 발해의 광활한 민족의 고토(故土)를 수복하고 있었다.

그때 나에게 있어서 세계는 참으로 아름답고 장엄했다. 금강경을 읽고 아침 산책을 나설 때면 몸과 마음이 다 함께 쇄락하고 어떠한 우주의 신비라도 터득할 것 같았다. 나는 나의 공부가 상당한 정도에 도달했다고 자부하고 있었고 '공부가 좀 되었다 하면 그것이 곧 치심(어리석은 마음)'이라는 선생님의 법문을 입으로만 되뇌었지 실제로는 그것이 무엇을 의미하는지 몰랐던 샘이다. 그런데 지금 생각하면 선생님은 묘하게 그러한 나의 자만심을 오히려 북돋아 주신 것 같다. 아현동으로 찾아뵙기 시작한 지 3개월 쯤 지났을 때 선생님은 법문 도중에 깔고 계시던 방석을 내어 주시면서 나에게 앉기를 권하셨다. 그 다음 일요일에 뵈었을 때는 더욱 잘 대해 주시고 물러나올 때는 '이제 다 되었다' 하시면서 깍듯이 나에게 일어나시어 경례를 하시는 것이 아닌가. 나는 황송하게 생각하면서도 내가 선생님의 법을 전수 받은 것으로 생각하게 되었고 이제 더 이상 선생님을 뵈올 필요가 없다고 은근히 자만했다.

그런데 그 다음 일요일 나는 무언가 좀 미진하다는 마음이 들었다. 좀 더 확실하게 선생님으로부터 인가(認可)를 받아야겠다고 생각했던 것이다. 그 날은 유난히 햇빛이 쨍쨍한 날이었다. 나는 아내와 함께 다시 선생님을 찾아 뵈웠다. 선생님은 온돌방 아랫목에 매트리스 같은 것으로 조금 높여진 침상에 있는 방석 위에 정좌하셨고 우리는 예(禮)를 마친 다음 선생님을 향해 자리를 잡고 앉았다. 선생님은 몇 가지 말씀을 하시고는 나에게 질문을 하셨는데 나는 퉁명스럽게 "모릅니다" 하고는 그 후부터는 부동의 자세로 침묵하고 있었다. 선생님은 "하. 이 사람 봐라" 하시더니 함께 간 아내에게는 나가 있도록 분부를 내리셨다

아내가 나간 다음, 방에는 나와 선생님 단둘이 마주 앉아 있게 되었다. 곧 선생님은 침상에서 성큼 내려 나에게 뚜벅뚜벅 걸어오시더니 바른편 손을 내려 나의 정수리를 가볍게 잠시 눌러 주시고 방문을 열고 나가셨다. 혼자 남은 나는 곧 성큼 일어서 선생님이 앉으시던 방석 위에 선생님처럼 정좌를 하고 앉았다. 조금 후 방문이 열리더니 선생님이 들어오시어 대뜸 "이놈아, 네가 왜 거기 앉았느냐" 하시더니 나를 끌어내리려 하셨고 나는 반사적으로 선생님을 떠밀었다. 침상 아래 나의 측면으로 비켜 앉으신 선생님은 몇 번 원을 세워주셨고 나는 나대로 원을 세웠다. 선생님은 빙긋이 웃으시며 "그래 가지고 제도가 되겠니?" 하시고는 다시 방을 나가시어 한동안 있다가 이번에는 검은 보따리를 가지고 들어오셨다. 나는 무엇인가를 나에게 주시는 줄 알았다. 그러나 선생님은 그것을 풀어 그 속에 호

로병을 꺼내어 소변을 보신 다음 나를 향해 누우셨다. 그 모습은 꼭 그림에서 본 부처님의 열반상을 닮으셨다. 그 후 6년 후인 1981년 가을, 한강 반도 아파트에서 실제로 선생님이 열반하신 모습을 뵈었는데 꼭 이때와 같았다.

한 5분쯤 지난 후 선생님은 방에서 나가시고 다시 나 혼자 있게 되었는데 이때 방문이 열리며 정 여사님이 들어오셨다. "정씨는 선생님이 쉬시지도 못하게 이게 무슨 짓이요?" 하는 말씀에 나는 조금 정신이 들어 어쩔 수 없이 방에서 나왔더니 선생님이 양복을 입으시고 소사로 가신다고 아파트 계단을 내려가시는 것이 보였다. 나는 그래도 선생님을 따라 가야겠다 생각되어 급히 뒤를 따랐다. 아래층 수위실에 이르러 선생님은 수위실 문을 여시더니 수위에게 나를 가리키며 "저 사람이 자기 마음이 답답하니까 나를 못살게 굽니다" 하셨다. 나는 다시 한번 정신이 번쩍 들어 집으로 도망치듯 돌아왔다.

아내는 먼저 와 있었다. 밖에서 기다리고 있었더니 선생님이 나오셔서 먼저 돌아가라고 하셨다는 것이다. 일어난 사건을 이야기하고 이제 다시는 선생님께 못 가게 되었다고 했더니 아내는 "어쩐지 최근 당신의 태도가 이상하더니 일을 저질렀군요. 그러나 그럴수록 공부하고 선생님을 찾아가 사죄를 드리고 용서를 받아야지 그렇지 않으면 정말 지옥에 떨어질 것이요" 했다. 나는 그 말을 옳게 여겨 다음 일요일이 돌아오기를 기다리며 속죄의 마음으로 정진을 했다.

며칠이 지난 후 어느 날 새벽 금강경을 서너 번 읽고 잠시 깜빡

졸았던 것 같은데 나는 어린애가 되어 누워 계신 큰 모습의 선생님의 가슴 위에 있었다. 그이는 갑자기 어린애인 나의 발목을 잡고 번쩍 치켜들더니 손가락을 세워 나의 엉덩이에 갖다 대었다. 그 순간 나의 온몸은 황홀한 기쁨에 오랫동안 휩싸였다. 깨어나니 온몸에서 독기(毒氣)가 빠진 듯 심신이 상쾌했다. 그리고 다시 얼마 후에는 금강경을 읽고 잠시 누워 있는데 향내가 진동하는 흰 백합꽃이 만발한 곳에 내가 서 있었고 그 속에서 오랜 동안 다시 황홀한 기쁨을 맛보았다.

일요일이 되자 나는 아내를 앞세우고 다시 선생님을 찾았다. 선생님은 거실에서 우리를 맞이하셨다. 예를 하는 우리에게 선생님은 여느 때보다도 더 크신 음성으로 원(願)을 세워 주셨다.

나는 얼굴을 들지 못하고 있는데 선생님은 평상시와 조금도 다름없이 온화하신 음성으로 "그래, 지난번에는 날씨가 무더웠지? 무더울 때는 진심(嗔心)이 나기 쉽다. 부지런히 바쳐라" 하셨다. 나는 그 말씀 속에 들어 있는 말씀 없는 가르침(不言之敎)을 마음속에 새기고 다시 공부를 시작했다.

그로부터 10년이 지나 백 선생님이 열반하신 지 네 번 해가 바뀌는 1985년 1월 1일 나는 직장의 하례식에 참석하기에 앞서 아내와 아이들을 동반하고 선생님의 사리탑이 봉안되어 있는 대승사를 찾았다. 벽제역에서 의정부로 뚫린 길을 달리다가 송추계곡으로 넘는 고개 못미처 좌측 유원지 계곡을 끼고 4킬로쯤 오르면 우측으로 대승사가 나온다. 대승사 본 법당 위쪽으로 새로 축대가 조성되어 있고 그 위에 큰 신축 법당이 세워져 있는데 거기서 20여 미터 더 올라가 산 중턱에 동국대학교 동창회에서 세운 "백성욱 박사 송덕비"가 서 있고 그 옆에 선생님의 사리탑이 봉안되어 있었다. 절에 당도하니 여느 때와 같이 비구니 주지스님이 우리를 반가이 맞아주었는데 그 옆에 낯익은 불자(佛子)가 보였다. 소사에서 공부했고 아현동에서 선생님 댁 일을 돌봐드리곤 하던 김현주 씨였다. 선생님 생각이 나서 사리탑 앞에 100일 기도를 드리는 중이라 했다.

지난 이야기를 나누다가 그녀는 느닷없이 나에게 "요즘 공부가 잘 되느냐"고 물었다. 나는 "아무래도 선생님이 안 계시니 예전과 다르지요" 했더니 그녀는 정색을 하며 "아니지요. 선생님은 열반하신 후에 더욱 일을 많이 하고 계십니다" 했다. 나는 그녀의 확신에 찬 눈빛을 보고 금강경의 다음과 같은 성구(聖句)를 되뇌어보며 아내와 아이들의 손을 잡고 선생님의 사리탑으로 향했다.

"만일 어떤 사람이 있어 여래(如來)께서 오신다거나 가신다거나 앉아 계신다거나 누우신다고 말한다면 이 사람은 나의 말한 바 뜻을 이해하지 못함이니, 왜냐하면 여래란 좇아서 오신 곳도 없고 또한 가신 바도 없기 때문에 그 이름을 여래라 하느니라(금강경 제29품)."

Ⅱ. 백성욱 박사와 그 가르침

매력 있는 단 한 사람

역사가 전하는 돌아간 이 나라의 여자들 가운데서 꼭 한 사람의 매력 있는 여성을 고른다면, 나는 아무래도 신라 27대의 여왕이었던 덕만 선덕여왕을 고를 것이다.

그리고 또 지금도 살아있는 이 나라의 사내들 가운데서 가장 매력 있는 한 사람을 고르라면, 또 아마 아무래도 전 동국대학교 총장이었던 승려 백성욱 박사를 택할 것 같다.

－미당 서정주의 "白性郁 總長", 《徐廷柱文學全集5》에서－

백성욱 박사의 생애

　백성욱 박사하면 어떤 이미지가 떠오를까? 젊은 세대에게는 낯설지 모르지만 나이든 세대에게는 서너 가지 이미지 또는 그 중 하나의 이미지가 떠오를지 모른다. 이승만 대통령시절 내무장관을 지내고 두 번이나 단독으로 부통령에 출마한 철인정치가, 동국대학교를 일으킨 총장, 독일에서 불교순전철학으로 철학박사 학위를 받은 불교학자 등이 그것이다. 좀 더 관심을 가졌던 분들은 후에 스님이 된 시여성 김일엽과의 로맨스 등을 떠올릴 수 있을 것이다. 그러나 그를 따르는 문도들로부터는 그냥 생불(生佛), 즉 '살아있는 부처님'으로 존경받아 왔다는 사실은 잘 알려져 있지 않다.

　한 인물에 대한 평가는 시대에 따라서 또는 사람에 따라서 달라지게 마련이다. 그리고 잘 알려져 있지 않거나 잘못 알려지는 경우도 허다하다. 백성욱 박사도 사람에 따라 다른 이미지를 주기도 하며 잘못 알려진 경우도 많은 것 같다. 특히 그분의 중요성에 비해 덜 알려져 있는 측면이 더 많다고 본다.

　나는 백성욱 박사를 자주 가까이서는 아니더라도 그분이 대학에서 그리고 사회에서 은퇴하여 소사(素沙)에서 새로운 세상을 위한 초석을 놓고 있을 때 십여 년에 걸쳐 틈나는 대로 찾아뵙고 가르침을 받은 경험이 있어 그분의 인품과 철학에 대하여 체험한 바가 있다. 이러한 경험을 바탕으로 하여, 그리고 그에 관한 여러 사람들의 글을 기초로 백성욱 박사의 일생과 철학을 간략하게 스케치하고자 한다.

백성욱 박사는 1897년 정유 음력 8월 19일 서울 돈암동 연화방에서 백윤기씨의 맏아들로 태어나 1981년 신유 음력 8월 19일 서울 한강변 반도 아파트에서 열반에 드셨으니 재세(在世) 84년 이었다. 구족하신 몸매와 인자한 얼굴, 그리고 양미간 위에 돋아난 백호 등 외모만으로도 생존해 계실 때의 모습은 그대로 생불(生佛)의 화현(化現)인 듯, 보는 이들의 환희심을 자아내었다. 열반하셨을 때의 평화스러운 기상과 밝은 법체는 열반을 지켜보는 이들에게 슬픔에 머물기보다는 부처님을 향해 더욱 발심(發心)하게 하는 힘을 주었다.

순수 법연(法緣)으로만 따르는 문도(門徒)들로부터 박사도 장관도 총장도 아닌 그냥 '선생님'으로 불리던 백성욱 박사. 그분의 법체는 동국대학교 교정에서 영결식을 마치고 벽제에서 다비에 올려진 다음 사리를 송추 부근 계명산 대승사 구역 내 탑에 봉안하였다. 그후 사리는 그분이 동국대학교 총장직을 은퇴한 후 수행하고 법문하시던 소사(素沙)에 모셔져 오늘도 그분의 가르침으로 삶의 등대를 삼고 있는 많은 사람들의 귀의처가 되고 있다. 여기 백성욱 박사의 일생을 간략히 적어본다.

○ 탄생에서 독일 유학까지

백성욱 박사가 태어난 1897년은 구한말(舊韓末)의 풍운이 얽히던 때이다. 그 해 고종은 나라이름을 조선에서 대한제국으로 바꾸고 황제를 칭하였다. 나라의 이름을 대한제국으로 바꾸고 왕에서 황제로 되었지만 이름을 바꾼다고 나라가 독립자주국가가 되는 것은 아니다. 오히려 그 때 조선은 청일전쟁에서 이긴 일본의 세력권으로 들어가고 있었다.

이러한 시기에 백성욱 박사는 5세부터 공부를 시작하여 13세까지 호동학교(壺凍學校)를 졸업하고 한학을 배워 천자문에서부터 사서삼경을 다 익혔다. 어려서부터 지혜가 뛰어났던 그는 학문이란 싱거워서 이제 더 배울 것이 없다고 경멸하였다고 한다.

그가 불교와 인연을 맺게 된 것은 아주 우연한 일이었다. 큰집과 외가 사이에 그의 장래를 둘러싸고 조그만 다툼이 있었다고 한다. 그래서 그는 서울 근교에 있는 절에 들어가서 숨어있게 되었다. 그것이 인연이 되어 그는 불교를 접하게 되었고 1910년 7월 14세에 봉국사(奉國寺)에서 최하응(崔荷翁) 대선사를 은사로 득도하여 불교 공부를 시작하였다고 한다. 그때서야 비로소 그는 학문의 이치를 깨닫게 되어 전국 각지의 불교 전문 강원에서 6년을 넘게 불교를 공부하였다. 그는 1917년 불교전문학교인 중앙불교학림에 입학하여 1919년에 그곳을 졸업하였다.

그 과정에서 그는 독일 철학의 거봉으로 서구 철학의 새로운 역사를 열었던 임마뉴엘 칸트의 철학에 심취했던 것 같다. 자신의 회고에 의하면 그는 어릴 때부터 지혜 있는 자만이 살 수 있다고 생각하였다고 한다. "지혜는 곧 힘(곧 생명력)이라고 생각했던 것인데, 그때 어른들이 늘 말하기를 이인(理人)은 힘에 세고 지혜가 많다고 일러주었다"고 한다.[1] 그가 젊은 시절 칸트의 전기(傳記)를 읽다가 "내가 도통할 자신이 생기기도 했다"한 것을 보면 칸트에게서 아마 그러한 이인의 모습을 발견했던 것 같다.

독립운동

백성욱 박사가 중앙학림을 졸업할 때는 조국의 독립의지를 세계만방에 알린 3.1운동이 일어난 해였으며 대한민국임시정부가 상해에 세워지던 해이다. 이때 그는 무엇을 하였을까? 당시 불교계는 일본의 한국 불교 장악을 위한 사찰령으로 전국의 사찰을 행정적으로 통제하기 시작했는데 불교계의 운동은 이러한 왜색화되어 가는 불교를 혁신하려는 운동과 직접적인 항일운동으로 전개되고 있었다.

그 때 청년 백성욱은 불교계 독립운동의 지도자의 한 사람으로 두각을 나타내었다. 1919년 4월 상해에서 대한민국 임시정부가 수립된다는 소식이 전해지면서 그는 김법린, 신상완, 김대용 등과 함께

---

[1] 白性郁, "나를 발견하는 길", 정종, 《나의 靑春 나의 理想》(서울: 中央出版社, 1996), p.81.

불교계의 민족운동 대표로 상해로 건너가 임시정부 요인들과 불교계의 민족운동지도에 대한 문제를 논의하였다. 이러한 문제를 논의하고 돌아와 백성욱은 이들과 함께 독립운동자금 및 불교비밀결사조직 등 본격적인 활동에 착수하였으며 그 후 독립자금 전달 등의 임무를 맡아 7~8회에 걸쳐 상해를 왕래하였다고 한다.

이러한 사실들은 독립운동사료와 개개인들의 회고록에 공통적으로 보이고 있으나 당시에는 일제의 엄중한 감시 속에서 독립운동과 자금 전달이라는 막중한 임무를 수행해야 했음으로 성명을 여러 번 바꾸고 위장했기 때문에, 그리고 백성욱 박사 본인이 독립운동의 공적을 내세우려 하지 않았기 때문에 보다 중요한 활동들은 베일에 묻혀 있다.

상해를 드나들면서 그는 이승만을 만나게 되었으며 이 인연으로 해방 후 두 사람은 대한민국 건국에 협력하는 사이로 발전하게 되었다. 그러다가 그는 3.1운동이 일어난 다음 해에 유럽으로 유학길에 오르게 된다. 그가 왜 유학을 결심하게 되었는지, 그리고 왜 미국이 아닌 유럽행을 결심하게 되었는지에 대하여는 여러가지 해석이 있으나 독립운동을 하면서도 일제의 침략 아래서 무력(無力)한 국민을 일으켜 세우기 위하여 서구의 새로운 학문을 익혀야 하겠다는 생각이 강했던 것 같다.

지혜가 곧 힘이라는 어릴 때부터의 생각은 민족문제에도 해당되며 일제의 지배로부터 벗어나기 위해서는 힘의 원천인 지혜를 얻어야 하는데 일본보다 선진국인 서구에서 새로운 선진 지혜를 배워야 한다고 생각했던 것이다. 이승만 박사는 유럽은 고학하기도 어렵고 사정이 좋지 않으니 유럽에 가지 말고 미국으로 유학하기를 권유했으나 그의 뜻을 꺾지는 못하였다. 그가 유럽을 택한 것은 모든 학문의 원천인 철학을 배우기 위해서는 미국보다는 프랑스와 독일을 염두에 두었을 것으로 생각된다.

그는 먼저 프랑스 파리로 가서 보베 고등학교에 입학하여 독일어, 라틴어 등을 수학하고 1922년 남독일 뷰르쓰부르크 대학 철학과에 입학했다. 그곳에서 그는 고대 희랍어, 독일신화사, 천주교 의식(儀式) 등을 연구하였다. 당시 독일의 사상계는 야스퍼스와 하이데거와 같은 철학자들이 실존주의 철학을 선양하던 때였다. 그는 그곳에서 서양철학의 진수를 배우고 3년 만에《불교순전철학》(佛敎純全哲學: Buddhistishe Metaphysik)이라는 논문으로 1925년 10월 철학박사 학위를 받았다.

그는 독일에서 강의를 통해서 뿐만 아니라 폭넓은 독서와 교우를 통하여 학문의 시야를 깊고 넓게 가지게 되었으며 특히 조국의 위치와 조선불교의 위상에 대하여 깊이 인식하게 되었다. 독일에서 그가 느낀 소회에 대하여는 동국대학교에서 그의 탄신 60주년을 기념하여 만든《백성욱 박사 송수기념 문집》에 그 일단이 나와 있다.

그는 유럽에 와서 우리 민족 역사의 진면목을 유럽도서관의 자료들과 서양인들의 말을 통하여 확인하게 되었다고 한다. 특히 불교

문화에 있어서 고려대장경의 우수성과 한민족의 찬란한 문화유산에 관하여 새롭게 인식하는 계기가 되었음을 알 수 있다.

그는 유럽에 더 머물면서 한국불교와 한국문화의 세계화를 위한 발판을 마련하려고 하였으나 학비를 조달할 수 없어 학위를 받은 후 곧 귀국해야 했다. 그 동안에도 그는 탄광에서 광부 생활까지 하면서 학비를 벌어야 하는 참담한 생활을 견뎌냈다.

제1차 세계대전 패전 이후 막대한 배상금을 물어야 했던 당시의 독일 경제는 극도의 어려움을 겪었으며 외국에서 온 유학생까지 돌볼 여유가 없었던 것이다. 독일에서 퇴경 권상로 선생에게 보낸 그의 서신을 보면 그가 학비조달의 어려움과 도움을 호소하고 있으며 불교신앙과 미래에 대한 희망으로 고난을 견디어 내고 있었음을 엿볼 수 있다.

어쨌든 그는 유학생활 중 국내와의 교신을 계속했으며 국내 잡지에 계속 글을 보냈다. 그의 불교철학의 기초가 되었던 박사학위 논문《불교순전철학》을 국문으로 초록하여 6회에 걸쳐 당시 국내의 대표적 불교 잡지였던《佛敎》에 철학박사 백준(白峻)이라는 이름으로 보내 6회에 걸쳐 연재되었다. 그 외에도《현대적 불교를 건설하려면》,《백림(伯林)불교원 방문기》등을 발표하여 국내 불교운동에 새로운 바람을 불러일으켰다.

○ 귀국 활동과 금강산 수도

1925년 독일에서 귀국한 백성욱 박사는 현 동국대학교의 전신이며 모교인 중앙불교전문학교 교수직을 맡아 후학 양성과 갖가지 강연회를 통하여 국민 계몽활동에 주력하였다. 한편 그는 유학 전에 키우고 활동하던 불교청년회의 부흥을 위해 김법린, 김상호, 도진호 등과 만나 의논하고 다음 해 1월 조선불교선교양종승려대회를 준비하는데 큰 역할을 하였다.

그러나 그는 1928년 9월 돌연 교수직을 사임하고 수도(修道)를 위해 금강산에 입산하게 된다. 백성욱 박사의 돌연한 금강산 입산 동기는 백성욱 박사 자신의 글 "다시 적멸궁을 찾아가면서"라는 글에서 엿볼 수 있다. 독일유학에서 돌아와 화려한 귀국활동을 하면서 식민지로 전락한 나라로 돌아와서 그는 깊은 심적 고뇌를 했던 것 같다.

그는 자신의 지난 생활을 돌아보면서 "법률상으로는 아무 걸림이 없는 사람이지만 '이것이 과연 잘한 일인가' 하는 윤리상 판단으로는…용신(容身)할 곳 까지 없겠다는 고통을 가지게 된다"고 하면서 "더럽게 사는 것 보다 조촐하게 죽는 것이 더 낫다"는 생각을 했다고 적고 있다.[2] 그는 부처님의 사리가 모셔진 적멸궁에 가서 자

---

[2] 白性郁, "다시 寂滅宮을 찾아 가면서", 송혁, 『現代 佛敎 隨筆選』(서울: 동국대학교 부설 역경원, 1979), p.70.

기를 다 버리고 다시 태어나야 한다고 결심했던 것 같다. 금강산 입산수도와 오대산 적멸보궁에서의 기도를 통해 새롭게 태어나고자 했던 것이다.

그의 금강산 입산에 관한 이야기는 김일엽 스님의 수상록에도 그 일단이 잘 그려져 있다. 일엽 스님에게 불심(佛心)을 심어주고 드디어는 그녀에게 출가 동기를 준 그녀의 작중(作中) 인물 'B씨'의 B는 바로 백성욱 박사의 영문 이니셜이었다.

당시 뛰어난 미모의 신여성 김일엽 선생과 우리나라에서 최초의 30세 이전 박사로서 인격과 지성을 겸비한 B씨, 두 분은 급속도로 가까워져 일엽 선생으로서는 자신의 장래를 맡기는 것으로 알았는데, B씨 편에서 일방적으로 홀연히 "인연이 다하여서 다시 뵈옵지 못하겠기에…"라는 편지를 보내고 금강산으로 떠난 것으로 김일엽 스님의 수상록은 묘사하고 있다.

일엽 스님의 수상록 《사랑이 무엇이더뇨》의 끝 부분에 보면 그로부터 30년 후 B씨가 자신의 회갑 기념 논문집을 보내면서 스님에게 동봉한 편지가 실려 있다. 거기서 B씨는 일엽 스님과 다생에 걸친 애착심을 벗어나 서로가 불연(佛緣)을 성취하기 위해서는 떠나지 않을 수 없었다는 점을 지적하였다. 거기서 B씨는 "나와 일엽 스님의 두 불덩이가 합쳤다면 어떤 위험이 왔을 것인지" 헤아려 볼 수 있지 않느냐고 반문하면서 그 때 자신의 결연한 행동으로 각자 인생을 승리로 이끌었으니 이것이야말로 사랑의 극치가 아니냐며 회

고하고 있다.[3]

금강산 수도(修道)

   금강산에 들어간 백성욱 박사는 처음에 장안사에 머물다가 그 후 안양암에서 단신 수도에 들어갔는데 '대방광불화엄경'을 부르는 것을 수행의 요체로 삼았다. 수행 중 동참을 원하는 학인이 많아짐에 지장암으로 장소를 옮겨 1939년 일경(日警)의 압력으로 귀경(歸京)할 때까지 회중(會衆)을 지도하며 수행하였다.

   젊고 실력과 인품을 갖춘 백성욱 박사로부터의 가르침에 많은 기대를 걸었던 중앙불교전문학교 학생들은 백성욱 박사가 교수직을 사임하고 금강산으로 들어갔다는 소식을 듣고 크게 실망하였다. 그가 장안사의 안양암에서 단독 수행하다가 함께 수도하기를 원하는 회중들이 불어나 지장암으로 옮겼다는 소식이 전해지자 중앙불교전문학교에서는 백 박사를 모셔와야 한다는 학생들의 요구가 끊이지 않았다. 당시 재학 중인 학생이었던 정종(鄭琮) 교수도 예외는 아니어서 백 박사를 찾아가 뵈어야 한다는 꿈을 키우다가 졸업 전에 실행해야 한다는 결심이 섰다고 한다. 그가 용기를 내어 박한영 선생의 소개장을 받아들고 친구 정근모와 함께 금강산 행 기차를 타

---

[3] 金一葉,『사랑이 무엇이더뇨』(서울: 東國出版社, 1981), pp.248-255 참조. 金一葉,《靑春을 불사르고》(서울: 東國出版社, 1984),, pp.268-274에도 같은 내용의 글이 실려있다.

고 지장암으로 백성욱 박사를 찾아뵌 기록이 그의 자서전《내가 사랑한 나의 삶》에 잘 나와 있다. 그는 금강산에서의 이 만남의 순간을 다음과 같이 적고 있다.

> 소개장을 내밀었더니 법당으로 인도해 준다. 우리는 보았다. 순간이지만 똑똑히 보았다. 이마 한복판에 백호가 자리한 부처님의 상호를 정말 보았다. 반가부좌의 모습으로 단정히 앉아 계시는 살아 있는 부처가 거기에는 있었다. 우리는 큰 절로 인사드리고 자기소개를 했다. 그날의 첫 만남에서 받은 그의 인상은 그 뒤로 그이가 열반하실 때까지 내게서 떠나지 않았다. 실로 40여년이나 되는 햇수가 그 사이에 흘렀건만, 그날 그의 노성(老成)한 모습은 그대로만 이어져 갔다. 이제와 생각해 보면 그이는 그 때 40대의 중년이었고, 우리는 20대 초반의 애송이들이었다.[4]

정종 교수의 회고에 따르면 당시 춘원 이광수 선생이 가끔 나약한 선비의 모습으로 백 박사를 방문했다고 하며 정종 교수가 당시 백 박사에게 했던 질문과 응답은 미소를 자아내게 한다. 정종 교수는 학생의 입장에서 백 박사에게 "왜 교수직을 팽개치시고 여기 와서 수도하며 고생하고 계십니까? 경성 같은 데서 좀 더 많은 회중

---

4) 정종, 『내가 사랑한 나의 삶』(담양군: 동남풍, 1995), p.51

을 상대로 하지 않으시고 말입니다"라고 했다고 한다. 받아드리기에 따라서는 어려운 질문일 수도 있는데 백 박사의 대답은 간단하고 명쾌했다는 것이다. "산곡간 아무리 깊은 계곡이라도 먹이가 있으면 물고기는 불원천리하고 거슬러 올라오는 법, 너희들도 이렇게 오지 않았느냐"면서 싱긋 웃더라는 것이다.

당시 회중 수도에 참여했던 인물로는 장선재 보살과 전경림 보살 모녀분과 한상봉 선생, 김기룡 선생 등이 알려져 있는데, 당시 백 박사의 수행 모습과 가르침은 그분들의 증언과 김기룡 선생의 "내 금강 지장암과 백성욱 박사"(동국대학교 총장 백성욱 박사 문집), "혜정 손 선생님과 백 총장"(東大時報 111호) 및 《금강산 수도(修道)에 미륵부처님 친견기》(1983)에서 그 일단을 볼 수 있다.

당시 백 박사는 1928년 장안사에서 정진하던 중 혜정 손석재 여사를 만났다. 손 여사는 이승만 박사와 가까운 분으로 알려져 있으며 백 박사의 만남에 관한 인연담이 여러가지 있다. 정을수 편저, 《상락향이야기》에 나와 있는 이야기는 이렇다. 백 박사 소문을 듣고 경성에서 손 여사가 국수를 들고 금강산으로 백 박사를 찾아왔는데 백 박사는 그분이 올 것을 혜안으로 미리 알고 국수 점심 공양할 물을 끓이게 했다고 한다. 도착하자마자 국수 끓일 준비가 되어 있는 것을 보고 나서 손 여사가 이승만 박사에게 보고하여 백 박사는 "금강산 도인"이란 별명을 얻었다고 한다.[5]

---

5) 정을수 편저, 『상락향이야기』(서울: 불교정신문화원, 2004), pp.231-232.

두 분은 함께 공부하다가 1930년 오대산 적멸보궁에서 백일기도를 드린 후 서울에 돌아왔다가 백 박사는 다시 안양암에 들어갔다. 거기서 백성욱 박사는 1일 1식(一日一食)으로 천일(千日) 기도를 하여 숙명통을 얻은 것으로 알려졌다. 그 후 차차 제자들이 모여들어 안양암에서 3년을 보낸 후 지장암으로 옮겨 다시 하산할 때까지 7년을 머물렀으니 도합 10년을 금강산에서 제자들을 가르치며 수도(修道)했던 것이다.

그 때 안양암에는 손석재 선생이 여자 선실을 신설하였으며 백성욱 박사는 지장암이나 안양암에까지 양식을 전부 부담하고 수행인들에게 백일기도를 시켰는데 백일 회향 날에는 손 선생을 지장암이나 안양암에 꼭 모셔오곤 하였다는 것이다.

백성욱 박사와 손석재 선생의 불연(佛緣)으로 맺은 아름다운 관계는 그 후에도 계속되었는데 백 총장은 손 선생을 그분이 열반하실 때까지 극진한 정성으로 예우를 하였다고 한다. 동국대학교 총장 재직시 동대 이사회에서 백 총장 당신의 동상을 세워드리기로 한 것을 백 박사는 독단으로 설계를 바꾸어 동대 장학재단을 위해 거금을 희사한 혜정 손석재 선생의 동상과 사리탑을 건조해 모시도록 했던 것은 유명한 일화로 전해져 오고 있다.

○ 건국 운동과 불교중흥 활동

백성욱 박사는 일경의 압력으로 금강산에서 귀경 후 돈암동 자택에서 좌선 수도에 전념하였다. 그러다가 1945년 조국 광복과 동시에 그는 곧 애국단체인 중앙공작대를 지도하여 민중 운동을 벌이는 동시에 이승만 박사를 도와 대한민국 건국운동에 중요한 역할을 담당하였다. 그는 해방 후 한국민족에게 가장 시급한 과제가 정부를 수립하여 자기 나라를 만드는 것으로 보았다. 그리하여 그는 미군정에 대하여 한국인에게 정권을 이양할 것을 촉구하는 5만 명의 연판장을 결집하여 동경의 맥아더 사령관 및 주한 미군사령관에게 전달함으로서 정부 수립의 중요한 계기를 만들었다.

백성욱 박사는 1950년 2월 7일에는 제4대 내무장관에 임명되어 6.25전쟁이 발발한 직후인 동년 7월까지 국가적으로 가장 어려운 시기에 국내 치안 유지와 내무행정 발전에 진력 하였다. 6.25 전쟁이 일어나 정부가 대전으로 피난 갈 때도 백 박사는 서울이 적군에게 점령될 때까지 중앙청을 지키다가 단신으로 적진을 뚫고 남하하여 서울의 적정(敵情)을 피난 정부에 알려준 일은 잘 알려진 사실이다.

위대한 사람이 범인과 다른 점은 어느 곳에서나 어느 위치에 있던지 사람들의 모범을 보여줌으로써 가르친다는 것이다. 백성욱 박사는 5개월간의 짧은 기간 내무장관을 지내면서 고위 공직자의 모범을 보여주었다.

이승만 박사가 백성욱 박사를 제4대 내무장관으로 임명한 것은 두 사람의 남다른 인연과 당시 헌법제정 2년 만에 민국당이 제안한 내각제로의 개헌안을 대처할 인물로 적격이라 판단했기 때문이었다. 이승만 박사는 3.1운동 후 독립운동을 위해 상해로 온 젊은 청년 백성욱을 만나 호감을 가졌던 바 있고 귀국 후 조선호텔에 머물 때 두 번째의 만남을 인상 깊게 생각했다고 한다. 또한 백 박사가 벌인 국권 회복을 위한 5만 명 연판운동과 이 박사 대통령 추대운동에 대한 참여 등으로 백 박사에 대한 깊은 신뢰심을 갖게 되었던 것이다.

정풍(政風)이라는 잡지 제5권《정치 1번지 청와대 비서실》에 실린 기록을 보면 귀국 후 이따금 백성욱 박사를 부르던 이승만 박사는 하루는 민국당이 추진하는 내각제에 대하여 백 박사의 의견을 물었다고 한다. 내각제 개헌문제에 대하여 백성욱 박사는 한마디로 거부반응을 나타내면서 나라가 "거지 노릇하다 제집 하나 만들었는데 내각책임제를 해서 이 사람 저 사람 감투싸움 하면 무엇으로 당하겠습니까?"라고 답했다고 한다. 백 내무의 적절한 대처로 결국 내각제 개헌안은 부결되고 야당의 세는 크게 약화되었다.

그는 1950년 2월 11일 취임인사를 위해 국회 본회의 단상에 서서 다음과 같이 밝혔다.

"이 사람이 여기 온 사실을 잘 아실 것입니다. 내무부는 당면과제로 3가지 목표를 정했습니다. … 국가원수의 생명과 명령을 땅에 떨어뜨리지 않게 할 것, 둘째 장관이 바뀌고 정부가 새로 갈려 만날 새 정부가 되지 않게 할 것입니다. 정부는 묵은 정부가 좋고 정책은 새로운 것이 좋은 것입니다. 셋째로 정부는 40년간 없다가 생겼지만 정실인사는 없을 것입니다.[6]

정곡을 찌르는 말이 아닐 수 없었다. 그에게는 오직 국가와 국민을 위한 복무만 있을 뿐 정실인사나 부정은 있을 수 없었다. 그러나 그는 불의한 요구나 정치적 술수에 타협하지 아니했기 때문에 야당이나 일부 언론으로부터 좋은 평가를 받지는 못했던 것 같다. 앞에 인용한 비판으로 일관한 《政風》에서도 백 내무를 평하여 야당으로부터 "괴물", "괴승"이란 비판을 받았지만 검게 물감들인 미군 담요로 만든 오버를 입고 다닐 만큼 개인적으로는 청렴했다고 쓰고 있다. 그는 내무장관 시절에도 매일 새벽 3시에 기상, 냉수욕을 한 뒤 독경으로 하루를 시작하였다는 것이다.[7]

그는 국가를 세우고 이를 지키는데 온 몸을 바쳐 헌신하고 타인의 모범을 세웠다. 6.25직전 북에서 대한민국을 향하여 이승만, 백성욱 등 7, 8명을 제거하면 무조건 협상에 나서겠다고 제안한 것을

---

6) 韓國政治問題研究所, 『政風5 정치1번지 청와대비서실』(서울: 創民社, 1986), pp.191-192.
7) 같은 책, p.194

보면 백성욱 박사가 당시 대한민국을 떠받들고 있던 핵심의 하나였음을 말해주는 것으로 볼 수 있다.

정종 교수는 백 박사의 내무장관 시절 그가 지방 경찰서까지 철조망을 철거케 하여 경찰과 국민의 거리를 좁히려고 노력한 점 등을 평가하고 그를 방문했을 때 "그 옛날 지장암에서나 돈암동 선방에서나 장관실에서나 한결 같은 인간 백성욱을 발견하고 시절과 그의 인간됨을 높이 평가하고 있다.[8]

전시에도 국가의 주체성을 지키려던 백 박사는 이승만 박사의 은밀한 정치 고문이기도 했으나 외부 세력의 반대로 이 박사도 어쩔 수 없이 대전에 내려온 백 내무의 사표를 수리하지 않을 수 없었던 것 같다. 특히 미국 측이 백 박사의 기이한 행동과 민족주의적 성향에 대해 불만을 표시한 것으로 알고 있다.

이듬해 부산에서 백 박사는 한국 광업진흥주식회사 사장에 취임하여 1956년 사임할 때까지 광업 발전은 물론 금광 개척을 통해 정부의 국고(國庫)를 튼튼히 하는데 많은 기여를 하였다. 그는 1952년과 1956년에 있었던 정(正)·부(副)통령 선거에서 부통령에 입후보하기도 했다. 이승만 정부의 현실정치를 개혁하고자 하는 생각과 자신의 정치이상을 피력하여 국민에게 희망을 주려는 뜻이 있었던 것 같다. 국사편찬위원회의 한국사데이터베이스에 기록되어 있는 당시 백성욱 부통령 입후보 추천인 성명을 보면 그의 정견을 살

---

[8] 정종, 『내가 사랑한 나의 삶 上』(담양군: 동남풍, 1995), pp.65-68.

펴볼 수 있다.

　　삼가 아뢰옵는 바는 이번 선거에 있어서 우리들은 과연 어떤 분이 이 나라를 통일된 튼튼한 나라로 만들 것이며 이 겨레의 고통을 덜어주고 행복스럽고 살찌게 하여줄 것인가를 잘 생각해서 뽑아야 할 것입니다.
　　이제 우리가 이 성스러운 선거권을 씀에 있어 우리는 여러분과 더불어 부통령에 백성욱 박사를 모시고 남북통일의 큰일과 자손만대의 영광을 누리게 하는 大道에 일로 매진하고자 이를 헛됨이 없이 써주시기를 바라마지 않사옵니다.

　　▷ 政見소개
　　우리 추천인 동지들은 백성욱 박사께서 항상 염려하시고 그 실현을 결의하신 정책의 一端을 다음과 같이 소개한다.

　　1. 민중자결의 절대옹호와 주권의 보장
　　2. 도의정치의 실현
　　3. 민주정치의 강력실천
　　4. 민생문제 시급해결
　　5. 경제적 기회균등

6. 자주외교의 강화로 국제적 지위 향상[9]

지금 보아도 손색이 없는 선진된 정견을 가지고 있었음을 알 수 있는 대목이다. 민중자결의 절대옹호와 주권의 보장 그리고 도의정치의 실현이 돋보인다. 그는 여러 번 등록방해 등을 받고 정당이나 지지배경 없이 결국 선거에서 당선되지 못했다. 당선을 목적으로 출마한 것이 아니라 자유당 세력을 견제하고 국민 계몽을 위한 출마였던 것이다.

백 박사는 1953년 8월 동국대학교 총장에 취임하였다. 정계를 떠나 대학으로 옮긴 그는 대학의 이사장과 동창회장을 차례로 겸임하며 대학 발전을 중심으로 한국불교 중흥에 온 정열을 바쳤다.

백성욱 총장은 현 동국대학교의 기본이 된 본관, 본부건물, 과학관, 도서관 및 기타 부속 건물 등 총 8,700여 평의 건물을 신축하였으며 1957년에는 『고려대장경 보존동지회』 회장에 취임, 고려대장경 영인에 착수하였고 또한 재단법인 동국대학교 장학회 이사장에 취임, 후학 보조에 진력하였다. 또한 그러한 직책 수행 중에도 전체 학생을 대상으로 총장 문화사 특강과 금강경 강의를 열었으며 대학원에서 금강삼매경론, 조론(肇論), 염송(拈頌), 팔식규구(八識規矩), 보장경, 화엄경 등을 강의하였다.

---

[9] 《동아일보》, 1952년 8월 2일자.

미당 서정주 시인이 본 백성욱 총장

　4.19혁명 후 1960년 7월 총장 관사를 나온 백 박사는 한때 서울 효자동의 어느 후배의 집에서 머물렀다. 그 해 겨울 동국대학교 관저에서 나온 후 백 총장을 처음으로 인사차 찾았던 미당 서정주 선생은 《서정주 문학전집5》에서 "白性郁 總長"이라는 글을 싣고 있다. 여기서 미당 선생은 백성욱 총장을 평가하여 이 나라의 역사적 인물 중에서 가장 매력 있는 여성을 고르라면 신라의 선덕여왕을 고를 것이고, "살아있는 이 나라의 사내들 가운데서 가장 매력 있는 한 사람을 고르라면, 또 아마 아무래도 전 동국대학교 총장이었던 승려 백성욱 박사를 택할 것 같다"고 썼다.[10]

　미당 선생은 이마에 백호까지 돋아있는 등 부처님 모습을 빼어 닮고 있는 백 박사의 용모와 언제나 생동감 있으며 가지런하고 품위를 잃지 않는 알맞은 행동거지를 묘사하고 동국대학교에서 백 총장이 물러난 경위와 그에 관한 맹랑한 소문에 대하여 묘사하고 있다. 그에 의하면 4.19혁명이 나고 동국대학교에서도 총장 반대 운동이 있었다고 한다. 그 때 반대파에서 퍼뜨리고 이용한 것이 백 총장과 혜정 손석재 선생의 관계에 관한 허무맹랑한 소문이었다.

　그런데 손 선생이 돌아간 후 백 총장은 동국대에 거금을 기부하여 동대 석조관 등 건물을 지어 동대가 종합대학으로 승격하는 데 크게 기여한 그녀의 공로를 기리기 위해 그녀의 동상을 동대 교

---

10) 서정주, 『徐廷柱文學全集5』(서울: 一志社, 1972), p.79.

정에 세웠다. 총장 반대 운동은 더욱 거세졌고 결국 손 선생의 동상은 끌려 나가고 그 자리에는 대신 석가모니 부처님 상이 서게 되었던 것이다.

미당 선생은 앞의 글에서 이 문제를 언급하였다. 손 선생의 거금 희사로 건물을 짓게 되어 초라했던 단과대학의 동국대학이 종합대학으로 승격하게 되었고 더욱 찬양할 일은 늙을 대로 늙은 여인을 백 총장이 총장 관저 별실에 모신 것은 "이 땅이 이미 만든 어느 시 구절만 못지않은 좋은 배려라고 느낀다"고 그는 평하였다.[11] 백 총장이 자신의 동상 대신에 세운 손 선생의 동상을 반대하여 철거하고 대신 석가모니 입상을 세운데 대하여 미당은 다음과 같이 썼다.

> 그러나 나는 지금도 느끼고 또 생각한다. 물론 불교가 세운 대학이니까 순서로 봐서야 부처님이 무엇보다 제일 먼저 겠지만, 석가모니 그분이 1960년에 동국대학교 교정에 현신해 나타나셨다 하더라도 우리 백 총장이 세운 그 여인상--그 눈물보다도 피보다도 더한 열정으로 모은 돈으로 동국대학교의 제일건물을 짓게 하여, 여기를 종합대학교로 만든 이 여인의 상을 백성욱 그와의 로맨스의 풍문 때문에 헐라고는 하지 않으셨을 것을...[12]

---

11) 같은 책, p.82.
12) 같은 책, p.83.

인간이 귀하게 여겨야 할 것이 무엇인지를 예리하게 볼 줄 아는 미당 서정주의 뛰어난 시인다운 안목이 돋보인다.

4.19혁명이 난 1년 후인 1961년 5.16군사정변이 일어나면서 교내 반대운동에 겹쳐 군인들의 사임 압력으로 백 박사는 총장직을 사임하였다. 백 박사는 동대 총장 재임 8년여 동안 동국대학의 기틀을 만들어 명문 사립대학으로서 우뚝 서게 하였다.

새로운 세계를 열다

동국대학교 총장직에서 물러한 백성욱 박사는 1928년 적멸보궁을 향해 금강산으로 떠날 때와는 다른 차원에서 불교수행으로 새로운 세계를 열기로 결심했던 것 같다. 그는 일체의 공직을 사양하고 경기도 부천의 소사로 발길을 옮겨 그 곳에 새로운 적멸보궁을 건설하기 시작했던 것이다.

그는 경기도 부천 소사동 산 66번지에 작은 현대식 법당을 신축하고 백성목장이라는 간판을 걸고 농터를 경작하면서 인연 있는 중생들을 제도하기 시작하였으니 그때 세수는 이미 65세였을 때다.

이때부터 1981년 9월 열반하실 때까지 선생님은 1968년 당신이 현토를 붙인 《금강반야바라밀경》을 소사 문하생의 한 사람인 김동규 씨에 의해 금강경독송회의 명의로 출간된 것을 기념으로 김동규 씨의 노량진 사저에 나오셔서 금강경 해설 법문을 해주신 것과 같은 해에 삼보법회의 청을 받아들여 몇 회 출강 법문을 하신 일 및 그 후 대원정사 측의 초청을 받아들여 그곳에서 한번 법문을 하신 것 이외에는 20년 간 일체의 사회활동으로부터 은퇴하셨다. 선생님은 오로지 불조(佛祖)의 혜명을 이어 후세에 길이 전해질 법을 세우고 후학을 지도하는 일에 전념하셨던 것이다.

나는 피상적이나마 역사적으로 위대한 사상가들 그리고 위인들을 서적을 통해 공부해 보았다. 현대의 인물 중에서도 마하트마 간디와 달라이 라마[13] 등에도 관심을 가져왔다. 앞에서 인용한 바와 같이 미당 서정주는 우리나라의 역사적 인물로서 여성으로서는 선덕여왕을 가장 매력있는 인물로, 현대의 남성으로서는 백성욱 총장을 가장 매력있는 인물로 평가한 바 있지만 나는 역사상 인물이나 현대 인물 중에서 아직 백성욱 박사와 비견할 만한 인격과 심오한 삶의 철학을 발견하지 못하였다.

아쉬운 것은 백성욱 박사와 같은 인물이 사회적으로나 국가적으로 아직 합당한 조명을 받지 못하고 그의 철학과 사상을 이어받고자 하는 노력이 부족하다는 점이다. 이는 저자를 포함한 백성욱 박사를 존경하고 따르던 사람들이 분발해야 할 일이기도 하다. 논어에 "사람이 도를 넓히는 것이지 도가 도를 넓히는 것이 아니다[14]"

---

13) 정천구, "제10장 달라이 라마의 티베트 독립운동",『붓다와 현대정치』(서울: 도서출판 작가서재, 2009), pp.263-326.
14)『論語』衛靈公 篇, "子曰人能弘道 非道弘道".

라고 했듯이 백성욱 박사가 그의 철학과 삶을 통해 가르친 도가 아무리 크고 높아도 그것을 이어 받은 사람들이 얼마나 그의 도를 이해하고 실천하느냐에 따라서 그의 도를 보다 넓힐 수 있을 것이다.

그러나 도는 누가 밝히던 안 밝히던 그 자체로서 밝고 청정하다. 금강경에 보살이 불국토를 장엄하느냐는 부처님의 질문에 수보리 존자는 "아닙니다. 세존님, 불국토를 장엄한다는 것은 장엄하지 않는 것을 장엄이라 하는 것입니다"고 답하였고 이에 부처님은 "모든 보살 마하살은 이와 같이 그 마음을 항복받을 것이니 색에 머물러 마음을 내지 말고 소리, 냄새, 맛, 촉감, 법에 머물러 마음을 내지 말지니 마땅히 머무름이 없이 그 마음을 낼지니라"고 설하셨다. 어디에도 집착함이 없이 청정한 마음을 내는 것이 곧 불국토를 장엄하는 것이고 백성욱 박사에게로 전해진 부처님의 혜명을 이어가는 것임을 알 수 있다.

선생님의 가르침

　백성욱 박사는 그의 박사 학위 논문 "불교순전철학"에서 불교란 "실제적 현실에서 구득한 진리를 철학적 견지에서 각개의 주관을 떠난 객관적 지위에서 연구하는 의식 철학"이라 논증하였다. 여기서 진리란 전(全) 우주적 진리를 말하는데 그러한 진리를 관념상 구별할 때 우주 진리 속에 주관(主觀)을 부처님이라 하고 우주 진리의 객관을 법(달마)이라고 한다는 것이다.

　중생의 모든 괴로움은 다생(多生)으로 지내온 업장으로 그러한 우주 진리로부터 멀어졌기 때문인데 우리가 진리로 놀아가 변치 않을 최대 행복을 되찾기 위해서는 우선 거짓 위에 건립된 환(幻)적 주관과 객관으로부터 철저히 벗어나야 한다. 그러면 곧 부처님의 마음을 알 수 있게 된다는 것이다. 이와 관련하여 선생님의 일상 법문을 요약해 보면 다음과 같다.

　선생님은 그러한 이치가 마치 검정콩 한 가마 속에서 흰 콩 한 알을 골라내야 할 때, 검정콩을 다 주워내면 흰콩은 자연히 남는 것과 같으며, 또한 창고 속에 물건을 차례로 다 꺼내 내면 창문을 통해 밝은 햇살이 비쳐와 모든 것을 볼 수 있는 것과 같은 이치라고 하셨다.

따라서 불교 공부는 자신의 안과 밖을 남김없이 부처님께 바치는 (비우는)것인데 여기서 세 가지 명심해야 할 사항이 있다.

첫째, 자기 내부의 모든 것을 바치는데 수없이 올라오는 망상들은 물론 우리가 보통 본능이라고 생각하는 것들까지도 무수한 생의 습관일 뿐이라는 것을 알고 남김없이 바쳐서 깨칠 수 있어야 한다. 수면, 성욕, 식욕, 심지어 혼(魂)이라는 것도 습관에서 만들어진 것으로 그 자체가 불변하는 존재가 아니고 우리의 수행에 의해 돌파될 수 있다고 하셨다.

둘째, 자기와 외부 세계를 구별하여 자기 마음속만 해탈하려는 것은 소승의 수행 방법이다. 대승의 정신은 자타(自他)와 내외(內外)를 구별하지 않고 일어나는 모든 경계를 바칠 수 있어야 한다. 자기 마음만 아무리 수도를 해서 몸뚱이 애착을 제거한다 해도 이 우주는 주객(主客)이 서로 마주쳐 있기 때문에 자기가 약하면 외부의 영향을 받게 되는 것이다. 대승을 공부하는 사람은 애당초에 자기 마음을 닦는 동시에 외부 세계의 고생스러운 것을 피하려 하지 말고 실제로 거기에 침투해서 해결해 나가면서 자기 마음을 닦아야 한다는 것이다.

셋째, 이렇게 안팎의 수많은 현상들을 자기 마음에 받아 그대로 밝혀 부처님께 바치되 그렇게 공부했다, 공부한다는 생각까지 바쳐야 한다. 불교 공부란 결국 탐·진·치(貪·嗔·痴), 즉 욕심내는 마음, 성내는 마음, 어리석은 마음을 바쳐서 밝아지려고 하는 것인데 공부를 놓고 다시 탐·진·치를 연습하면 안 되기 때문이다. 공부를 해야지 하는 마음이 앞서면 이는 탐심이요, 공부가 왜 안 되나 하고 짜증을 내면 곧 성내는 마음이며, 공부는 세세생생(世世生生)하는 것인데도 조금 공부에 진전이 있다고 해서 '이제 공부가 좀 되었겠지' 하고 자만하면 그것이 곧 어리석은 마음인 것이다. 공부는 그저 꾸준히 계속할 뿐이며 안 하지만 않으면 된다고 하셨다.

그러면 어떻게 하는 것이 자기를 비우고 우주 진리에 합치되는 공부인가? 백 선생님은 먼저 밝은이를 공경하고 시봉하는 마음을 가져야 된다고 하셨다. 누구든지 밝으신 분을 절대로 공경하면 자기가 바로 그분이 되는 것이니 불교 공부는 선지식과 부처님에 대한 공경심(恭敬心)을 위주로 해야 성취될 수 있다는 말씀이다. 그래서 선생님은 불교 용어로 써오던 '버려라', '끊어라', '비우라'는 말을 사용하지 않으시고 '바쳐라'고 하셨으며 발원문에도 '부처님 시봉(侍奉)과 '공경'을 넣으셨다. 공부란 흔히 말하듯 그저 비운다거나 끊는 것이 아니라 부처님을 향하여 바치는 것이니 곧 복(福)을 짓는(作) 것이다. 자신 속에나 자신 밖에 있거나 모든 컴컴한 중생들을 다 밝은 부처님께 드리니 부처님께서 다 제도시켜 주실 것이요, 그만큼 자신은 점점 밝고 씩씩해진다는 것이다.

이렇게 부처님께 바치는 실제의 수행 방법으로 백 선생님은 '미륵존여래불' 염송과 '금강경 독송'을 정해 주셨다. 미륵존여래불 염송은 "미륵존여래불을 마음으로 읽어서 귀로 듣도록 하면서 당신의 생각은 무엇이든지 부처님께 바치는 연습"을 하는 것이요 금강경 독송은 "아침, 저녁으로 금강경을 읽으시되 직접 부처님 앞에서 마음 닦는 법을 강의 듣는 마음으로 배워 알고 습관이 되도록" 하라는 말씀이다. 석가모니 부처님께서는 고통의 해결 방법을 중심으로 한 아함부를 12년, 평등의 원리를 갈파하신 방등부를 8년, 성불하는 길로서 마음 닦는 법을 주로 한 반야 부를 21년. 그리고 불교의 유통을 위한 법화·열반 부를 나머지 8년 동안 설하셨다. 그 중에서 반야부가 하루 중 정오(正午)에 해당하는 불교 사상의 중심이며 금강경은 반야부의 정신을 체계적이고 핵심적으로 갈무리한 경이라는 것이 부처님의 일대시교(一代 時敎)에 대한 선생님의 해석이시다.

이에 따라 백 선생님의 제자들은 아침, 저녁으로 정좌하여 금강경 읽는 것을 공부의 기본으로 삼고 있는데, 아침, 저녁 1독씩 하는 사람도 있고 3독 이상 또는 7독을 생활화하는 경우도 있다. 소사에서 선생님을 모시고 공부하던 이들은 당시 1일 7독을 목표로 공부하는 것을 보았으며 선생님께서도 1일 7회 독송을 권하시면서 "금강경을 3회 이상 읽으면 무언가 뒤에서 밀어주는 힘 같은 것을 느낄 것이다"라고 격려해 주시는 말씀을 들었다.

금강경을 읽고 바치는 공부를 하는 사람은 첫째 주위가 안정되고 재앙이 소멸되며, 둘째 정신과 육체가 건강해지고, 셋째 그 밝은 기운이 주위에 미쳐서 주변 세계가 밝아지며 육신의 인연으로는 위로 9대(代) 조상까지 아래로 9대(代)의 자손까지 그리고 옆으로 9촌에 이르기까지 업장의 해탈과 재앙의 소멸을 이룰 수 있다고 선생님은 말씀하셨다.

한 몸이 청정하면

일체 실상의 성품이 청정한고로 한 몸이 청정하며

한 몸이 청정한고로 많은 몸이 청정하며

많은 몸이 청정한 고로

이와 같이 내지 시방 중생의 원각이 청정하니라.

-원각경-

선생님의 일상생활

내가 친견한 백 선생님은 늘 알맞게 삭발을 하고 계셨고 외부 출입하실 때는 양복에 넥타이를 착용하시고 중절모나 캡을 쓰셨다. 소사에서는 가끔 작업복에 밀짚모자를 쓰시고 노령에도 풀을 뽑으시는 등 일을 하시는 모습을 볼 수 있었다. "몸은 부지런히 움직이고 정신은 절대로 가만히 놓아두는 것"이 건강한 생활이라고 늘 말씀하시는 바와 같이 당신 스스로 철저히 이를 지키셨다.

또 항상 검소한 생활 모습을 볼 수 있었으며 어느 곳에 머물고 계시건 당신의 소유물은 세면도구, 이발기구 등을 담은 간단한 보따리가 전부이셨다. 어느 때인가 나에게 대승과 소승에 관해 법문해 주시면서 "정신은 대승의 정신을 본받고 생활은 소승의 조촐한 생활을 본받아야 하나니라" 하신 대로 선생님의 세계는 우주도 뛰어넘는 크고 깊은 것이었으나 선생님의 현실 생활은 소박하고 평범하기 그지 없으셨던 것이다.

선생님은 그러한 생활 속에서 중생들을 위한 끊임없는 서원(誓願)으로 당신의 정신세계를 무한히 넓혀 가셨다. 공부하는 사람들을 접견하실 때는 합장하시고 머리를 마주 숙이시며 "제도하시는 영산교주 석가모니불 시봉 잘하겠습니다. 용화교주 미륵존여래불 공경을, 이 사람들이 무시겁 업보 업장을 해탈 탈겁하여 모든 재앙은 소멸하고 소원을 성취해서 부처님 시봉, 밝은 날과 같이 복 많이 짓기를 제도 발원" 하고 축원을 해주신다. 또 공양 드실 때는 "제도 하시는 영산교주 석가모니불 시봉 잘 하겠습니다, 용화교주 미륵존여래불 공경을, 이 물건 주는 사람 받는 사람들이 다 각각 무시겁 업보 업장을 해탈 탈겁하여 모든 재앙은 소멸하고 소원은 성취해서 부처님 전에 환희심 내어 밝은 날과 같이 복 많이 짓기를 제도 발원" 하고 축원해 주신다.

선생님께서는 우리들에게도 "무슨 일이든지 자기가 하겠다고 하지 말고 항상 부처님께 원을 세우라"고 하시면서 금강경을 잘 읽고 싶을 때도 "모든 중생들이 금강경 잘 읽어서 부처님 잘 모시기 발원" 하고, 마시고 남은 물을 버릴 때도 여지없이 버리지 말고 "모든 목마른 중생들이 이 물을 마시고 부처님 전에 복 많이 짓기 발원" 하라고 하셨다. 그러면 후일 목마른 고통은 받지 않는다는 것이다.

사람을 이끌어 가실 때 선생님은 항상 너무 앞에 서지도, 또 뒤에 서 있지도 않으시고 다만 반보(半步)앞 쯤에서 따라오도록 하시니 한번 선생님과 법연(法椽)을 맺으면 누구라도 해탈의 길에 들어서지 않을 수 없는 것이다. 대중을 지도하실 때 선생님은 그들과 똑같이 잡수시고 입으시며 같이 일하시는데, 급한 일이 있어도 허둥지둥 뛰지 않게 하시며 공부 이외의 작업, 노동 등은 절대로 하라거나 하지 말라는 일 없이 스스로 마음에 우러나와서 하도록 하셨다고 한다. 동국대학교 재학 시절부터 백 총장님의 개인 지도를 받았고 선생님이 소사로 오신 후 초기에 선생님을 그 곳에서 모시고 공부했던 용인 정 씨(정익영 씨)에 의하면, 소사 도량에 처음 들어가 보니 선생님께서 공양도 지으시고 연탄불도 갈고 하시어 편했는데 차차 송구스러운 마음이 나더니 그런 일들이 간절히 하고 싶어지더라는 것이다. 후에 선생님께 몇 번 간청을 해서 그런 일들을 맡고 나니 무슨 벼슬자리나 맡은 것처럼 자랑스럽게 또 열심히 하게 되더라고 했다.

 선생님은 사람의 숙명을 꿰뚫어보시고 개인과 국가의 미래와 중생의 욕심을 환히 아시는 것으로 정평이 나 있었다. 내가 직접 경험한 바로는 내가 선생님께 찾아갈 것을 미리 알고 계신 증거를 여러 번 보았으며 나 자신보다도 더 나의 마음을 잘 알고 계셨다. 선생님은 신통력을 나 갖추고 계시면서 그 근본을 통달하여 깨치셨기 때문에 오로지 중생의 제도만을 목표로 하고 계셨음을 여러가지를 미루어 알 수 있다. 선생님은 이에 대해 "공부를 하다보면 무엇인지 자꾸 알아지는 것이 있는데 그것도 잘 바쳐야지 잘못하면 무당이나 점쟁이가 되기 쉽지" 하셨다.

 어느 때는 "버스에 타고 있을 때 갑자기 마음이 답답해서 웬일인가 살펴보면 옆 사람의 마음인 것을 알고 얼른 바친다"고 하셨다. 한번은 함께 늘 소사에 다니던 이경숙 씨가 결혼을 하게 되었을 때 선생님을 뵙게 되었는데 선생님은 "경숙이 너를 보는 순간 내가 웬

일인지 슬프고 외로운 마음이 엄습해서 눈물이 돌았는데 그것이 그대를 시집보내는 너의 홀어머니 마음 이었구나" 하시는 말씀을 들었다.

김동규, 김재웅, 남창우 씨 등이 소사에서 공부할 때, 19세의 어린 나이로 소사에 들어가 1년 넘게 선생님 모시고 공부한 이선우 씨는 선생님을 뵙기 전에 이미 태권도 등을 익히면서 염력으로 참새를 움직이지 못하게 한다든가 어항 속 금붕어의 진로를 조정하는 등의 기술을 터득했었다고 한다. 그는 선생님께 자랑삼아서 "저는 멀리 있는 시계 등 물체를 잘 보고 싶으면 가까이 끌어 잡아 다녀 볼 수 있습니다"라고 말씀드린 적이 있었다. 그때 선생님께서는 "그것은 네가 끌어오는 것이 아니라 실은 너의 정신이 그 쪽으로 나가서 보는 것이니 자꾸 그런 연습하다가 네 정신이 아주 나가버리면 어떻게 할 것이냐? 공부하는 사람은 그런 장난하지 않는 것이다"라고 법문해 주셨다고 한다.

선생님은 공부하는 사람 각자에게 저마다 선생님의 모든 정성을 다 기울여 장애를 제거해 주시고 밝은 곳으로 인도해 주셨으니 선생님의 모든 문하생들이 각자 자신이 선생님의 사랑을 가장 많이 받았다고 느끼고 있는 것이 그 때문이라고 생각된다.

앞서 이선우 씨는 소사에 있을 때 당시 한문도 잘 모르고 금강경이 무엇인지 모르는 어린 나이에 무조건 금강경을 읽었는데 어느 날 꿈에 하늘을 찌를 듯한 큰 부처님 한 분과 작은 부처님 두 분을 보았다고 선생님께 여쭈었더니 그분들이 바로 법신, 보신, 화신 불이라고 일러주셨다. 또 한동안 공부하다가 이번에는 우사(牛舍)에 먼지(티끌)가 잔뜩 쌓인 것을 보고 선생님께 여쭈었더니 그것이 금강경에 자주 나오는 미진(微塵)이 아니냐고 하셨고 또 다음에는 꿈에 엉엉 울고 나서 여쭈었더니 "그것은 부처님 말씀에 감격한 수보리 존자가 눈물을 흘리며 훌쩍거리며 운다(涕淚悲泣체루비읍)는 말씀인데 바로 네가 읽고 있는 금강경 제14품에 있는 말씀이니라" 하시더라는 것이다.

또 한번은 경복궁에 친구들과 갔다가 깡패들을 만나 시비를 거는 것을 잘 피하고 난 후, 말이 뛰는 것을 앞에서 고삐를 잡는 꿈을 꾸고 선생님께 여쭈었더니 "말이란 동물은 뛸 때, 옆이나 뒤에서 잡으려 하면 채이기 쉽고 잡히지 않으니, 말은 정면에서 고삐를 잡아야 진정시킬 수 있느니라"고 법문해 주셨다고 한다. 반도 아파트에 계실 때 나는 두세 번 이선우 씨와 동행해서 선생님을 뵌 적이 있는데 그 때마다 선생님께서는 이 씨를 가리키며 "저 사람을 봐라, 참 건강하다, 참으로 건강하구나" 하시며 찬탄하시는 말씀을 들었다.

선생님은 당신께 향하는 모든 사람들에게 부처님의 무한한 사랑을 느끼게 해 주시면서, 잘못된 생각이나 업장(業障)에 대해서는 여지없이 법(法) 매를 때려 뽑아주시니, 누구나 스스로 자기 잘못을 보고 기꺼이 고치게 된다. 나는 윤영흠 법사의 인도로 1972년에 소사에 계신 선생님을 처음 친견했는데 차츰 선생님의 인격에 이끌려 거의 매주 소사로 찾아뵈었으며 초기에는 나의 마음을 환희 보시고 잘못을 지적해 주시는데 공부의 재미를 붙였다. 수년이 지나 다음에는 공부의 힘으로 건강이 좋아지고 생각이 안정되자 이번에는 도통을 하겠다는 마음으로 열심히 다녔는데 선생님께서는 많은 방편으로 그러한 나를 제도해 주셨다. 그리고 나의 자만심(我相)이 나도 모르게 극도에 이르렀을 때 선생님은 자기 스스로를 보게 해주시면서, "부처님께서는 도통(道通)은 물론이요, 어떤 작은 한 가지 법도 얻어 가지신 바 없기 때문에 도통을 하신 분"이라는 진리를 깨우쳐 주셨다.

"석가모니 부처님 재세(在世)시에 그분이 얼마나 위대한 분인 줄 알고 있었던 사람들은 불과 몇 명 안 되느니라" 하시던 선생님의 말씀을 당시에는 예사로 들었는데 선생님이 열반하신 후 시간이 지날수록 선생님의 크고 훌륭하심이 점점 더 느껴진다. 생애의 대부분을 나라의 발전과 불교 중흥을 위해 헌신하셨고 모든 생활, 일거수일투족을 오로지 "부처님 시봉"과 "부처님 전에 복 짓는 발원"으로 이끌어 가신 영원한 스승 백성욱 박사, 그분은 분명 불(佛)·보살의 현대적 화신으로 이 세상에 이렇게 오셨음에 틀림없다.

보살의 병이 나으려면

장자의 외아들이 병이 들면 장자도 병이 들고

아들이 병이 나으면 장자도 병이 낫는 것이니

보살도 그와 같아서 중생 사랑하기를 아들 같이 하므로

중생이 병들면 보살도 병들고

중생의 병이 나으면 보살도 병이 낫는 것입니다.

-유마경-

백성욱 박사의 불교철학

백성욱 박사의 불교철학은 편의상 대체적으로 다음과 같은 시기로 나누어 고찰할 수 있다. 제1기는 봉국사에서 득도(得度)한 때로부터 남독일 뷰르쓰부르크 대학에서 철학박사 학위를 받고 귀국하여 중앙불교전문학교 교수로 재직했을 때까지이며 수학기(修學期)라 부를 수 있을 것이다.

제2기는 금강산 수도기(修道期)로서 교수직을 사임하고 금강산에 입산, 일제의 압력으로 하산할 때까지 10년 동안 불교 수도에 전념한 기간이다. 이 기간에는 '대방광불화엄경'을 부르는 것으로 수행의 요체(要諦)를 삼았고 처음에는 단독 수행이었으나 함께 수도하기를 원하는 이들이 많아 후에는 회중(會衆) 수도였다.

제3기는 사회 참여기(期)로서 대한민국 정부수립운동에 참여하여 한때 내무부장관을 역임하였고 1953년부터 동국대학 총장에 취임, 불교 교육기관 건립과 후진 양성에 주력하던 때이다.

제4기는 제도기(濟度期)라 부를 수 있는 기간으로서 동국대 총장 사임 후 소사(素砂) 백성목장에서 '미륵존여래불' 염송과 금강경 독송을 요체로 하여 많은 사람들에게 교화(敎化)를 폈던 시기이다. 물론 이러한 시기상의 구분은 어디까지나 각 시기의 특징을 지적한 것이며 수학, 수도, 사회참여, 그리고 제도(濟度)의 활동이 전(全)시기에 걸쳐 다 있었음은 물론이다. 시기적 구분은 보이면서도 하나의 일관성을 보이고 있는 것이 백성욱 박사 불교철학의 특징이기도 하다.

이 글은 이와 같은 시기적 구분을 염두에 두면서 백성욱 박사의 불교철학을 개괄적으로 일별하고 일반적 특징을 고찰해 보고자 하는 것이다. 박사는 조선 왕조의 오랜 천시와 일제의 탄압으로 피폐했던 한국 불교를 오늘의 위치로 끌어올리는데 크게 기여했던 한국 근대화 초기의 몇 분 안 되는 선각자들 중 한 분으로서 그분의 불교철학을 이해하는 것은 한국 불교의 발전 역사를 되돌아보고 그 새로운 방향을 모색하는데 중요한 보탬이 되리라 믿는다.

백성욱 박사의 불교철학은 그의 철학 박사 학위논문 "불교순전철학"의 초역을 비롯한 자술(自述) 논문들이 수록된 《동국대학교 총장 백성욱 박사 논문집》(백성욱박사 송수 기념사업회편, 1960)과 금강경 강의 녹음을 수록한 《백성욱 박사 해설 금강반야바라밀경》(금강경독송회간, 1977) 및 필자의 "백성욱 박사를 통한 불교 신앙; 금강경 독송의 이론과 실제"(佛敎思想불교사상 1985년 3월호 및 5월호), 박사 자신의 서한문, 그리고 몇 몇 제자들의 증언을 토대로 했음을 밝혀 둔다.

○ 불교순전철학

　백성욱 박사의 불교에 대한 기본적인 관점은 그의 박사 학위 논문 '불교순전철학'에 잘 나타나 있다. 원문(原文)은 독일어로 'Buddhistishe Metaphysik', 즉 불교 형이상학(形而上學)으로 산스크리트어의 아비달마(Abhidharma)를 의역한 것이다. 동 논문에서 불교의 개념 정의 및 불타(Buddha)와 법(dharma), 그리고 아비달마에 대한 박사의 해석을 정리하면 다음과 같다.[1]

　백성욱 박사의 정의에 의하면 "불교는 실제적 현실로부터 구득(求得)한 진리를 철학적 견지에서 각개의 주관을 떠난 객관적 지위에서 연구하는 의식 철학이다."

　따라서 불교는 신(神)을 섬기는 다른 종교와 다르며 일반적인 이론 철학과도 구별된다. 인도불교는 남방의 소승불교와 북방의 대승불교로 전해졌는데 대승 중 티베트불교는 특별히 신비적으로 해석된 것이고 동아시아의 불교는 철학적으로 해석된 것이다. 불교에 등장하는 신(神)들은 인도 전래의 신들을 불교가 불법의 수호신으로 만들어 놓아 절을 지키고 있는데 불과하며 불교의 핵심은 그러

---

[1] 백성욱, "불교순전철학", 『동국대학교 총장 백성욱 박사 논문집』(백성욱박사 송수기념사업회편, 1960), pp.11-47 참조.

한 신들에 대한 신앙과는 다른 것이다. 불교의 요체는 순전철학[2]인데 그것은 "전 우주의 진리를 연구하는 학문"이며 또한 "오직 이론만으로 있는 것이 아니라 직접 실습을 하는 것이 불교 철학의 특별한 장점"이다.[3]

박사에게 있어서 불교란 결국 전 우주적 진리를 연구하는 학문인데 그것은 이론상으로만 아니라 실천을 통해 구득한 진리를 객관적으로 제시하는 것이다. 여기서 부처님과 법(달마) 그리고 '아비달마'라는 불교의 핵심적 요소들의 뜻이 분명해진다. 부처님이란 그러한 진리를 구득한 주체 즉 '진리 속에 있는 주관'으로서 일신교(一神敎)적으로나 다신교(多神敎)적으로 해석될 여지가 없다. 하나의 달이 천강(千江)에 비치는 것처럼 부처님은 하나이면서 삼라만상에 두루 비치는 바, 그것은 부처님이 우주 진리 그 자체이기 때문이다.

그런데 이 우수 진리 자제에서 우리는 논리상으로나 관념상으로 주관과 객관을 구별하지 않을 수 없으며 부처님을 우주 진리에 주관이라 한다면 달마는 바로 우주 진리의 객관이라는 것이다. 그런데 달마(Dharma: 법, 진리)의 관념은 소승과 대승에 있어서 다르다.

소승에서는 달마를 해석할 수 없는 것으로 생각하고, 아라한의 지위에 올라 속히 윤회에서 벗어나길 원한다. 그들은 주관만을 자

---

[2] 순전철학이라는 용어는 산스크리트어의 Abhidharma를 번역한 것인데 Abhi는 뒤 또는 위라는 말이며 dharma는 법 또는 진리라는 말이다. 이는 서양의 Mataphisica와 거의 같은 말이다. p.19.
[3] 같은 책, pp.16-19.

유에 두고자 하고 외계(外界)에 대해서는 공포와 불안으로 된 비관적 관념을 버리지 못하였다. 그러나 대승에서 달마에 대한 관념은 그와 다르다. 보살들은 주관과 객관에 모두 자재(自在)하기를 구하며 우주도 우리의 무명(無明)에 의해 건립되었으므로 외계 자연에 대해 공포와 애증의 관념을 가지지 않는다. 그들은 환(幻)적 주관과 객관으로부터 완전히 해방되었으므로 이 현실 세계는 오직 환(幻)에 불과하다고 생각한다.[4]

그래서 대승에 있어서 달마는 공(空)에 비유된다. 허공중에는 오온(五蘊)이 없고 따라서 식(識)이 없으며, 식이 없으니 식의 경(境)이 없을 것이다. 식의 경이 없으니 무명(無明)도 없고, 최종적으로는 유·무(有·無), 취사(取捨)가 없고 환(幻)과 환 아닌 생각도 없어 자연으로부터 완전히 자유로운 것이다.

그러면 우리는 어떻게 그러한 달마를 체득할 수 있을까. 즉, 전(全) 우주적 진리에 도달할 수 있을까? 박사는 금강경 해설에서 그 방법을 화엄부의 설을 인용하여 신해행증(信解行證)에 의해서라고 하였다.

신(信), 즉 진리가 있음을 믿어서 의심치 않을 것, 해(解), 즉 부처님의 진리의 말씀과 그 내용을 알려고 노력할 것, 행(行), 즉 안 것을 실행해 볼 것, 그리고 증(證), 즉 알아 얻은 것을 결정을 받아 다시는 없어지지 않게 할 것의 네 가지 조목의 노력이 필요하다는 것이다.

---

4) 같은 책, pp.27-38.

그런데 불교순전철학, 즉 '아비달마'의 논리 체계는 그러한 해(解)와 행(行)에 이르는 방법으로서 불교의 독특한 체계이며 방법론이라고 한다. 아비달마는 불교의 진리, 아니 전 우주적 진리를 잘 이해하도록 해주는 방법 체계를 가지고 있는데 요약하면 다음과 같다.

불교에서 발전시킨 논법의 형식은 긍정→부정→불(不)긍정, 불부정이다. 이 논리 형식은 다섯 가지 심리학적 요건(오온五蘊: 색色·수受·상想·행行·식識) 위에 건립한 우리의 정신이 선입견과 오류를 버리고 객관적 진리에 도달하는 방법이다. 만일 여기 흑색과 백색의 중간이 되는 색이 있다고 할 때 회색이라는 개념을 모르고 있었다면 그 색을 인식하는 방식은 이렇다.

(1)"이 색은 흑색이다." 그러나 진리와 다름으로 우리는 다시 (2)"이 색은 백색이다" 라는 반대 명제를 내새운다. 그러나 그것도 진리는 아니므로 (3)"이 색은 흑색도 아니고 백색도 아니다"라는 명제에 도달하여 진실을 알게 된다는 것이다.

그것은 또한 불교의 상대적 관점을 나타내고 있다. 우주는 상대적 관점 이외에 없다. 예로서 우리는 평등을 원하며 그래서 (1)"평등은 평등이다"라는 이본적 명제가 나오나 현실적으로는 불평등이 없는 곳에 평등도 없으므로 (2)"평등은 평등이 아니다"라는 반대명제가 나온다. 그런데 이에 따라 (3)"평등은 평등도 아니요 불평등도 아니다"라는 결론이 나온다. 그러므로 만일 사람이 "평등을 실천하자면, 평등 즉 불평등, 불평등 즉 평등"하여야 하는 것이다.

우리는 금강경에서 이러한 종류의 논법이 계속됨을 볼 수 있는데 박사가 후기에 금강경을 부처님의 일대시교(一代時敎) 중 가장 중심적인 경으로 세우게 된 것은 "불교순전철학"의 맥락과 궤를 같이 하는 것으로 볼 수 있다.

○ 교판론(敎判論)

알려진 바와 같이 교판론이란 방대한 불교 경전들을 어떠한 원칙하에 체계를 세워, 내용상의 차이에 따라 시간적인 구획으로 분류하고 해석을 가하는 것을 말한다. 중국에서 지의(智의) 천태 대사의 5시(時) 8교(敎)가 대표적이라 할 수 있다. 그 중에서 5시란 부처님의 가르침을 5시기로 나누어 화엄시, 아함시, 방등시, 반야시 그리고 법화·열반시로 분류한 것이며 백 박사의 교판론의 기초가 된 것으로 보인다.

법장 현수 대사는 3시 5교를 주장하였다. 그 중에서 3시란 부처님의 가르침을 해가 뜰 때(日出), 해가 솟았을 때(日昇), 해가 질 때(日沒)로 나눈 것이다. 원효는 4종 판석(判釋)을 세워 부처님의 가르침을 사제교(四諦敎) 등의 삼승별교(三乘別敎), 반야·심밀 등의 삼승통교(三乘通敎), 영락·범망 등의 일승별교(一乘別敎), 화엄(華嚴)의 일승만교(一乘滿敎)로 구분하였다.

이러한 교판들은 복잡한 모든 경전을 하나의 흐름으로 분류하고 해석하여 불교 이해의 방식을 제공해 주었던 것이다. 그러나 이들 과거의 교판론들은 오늘날 역사적 근거를 갖추지 못한 자의적(恣意的)인 것이라는 비판을 면하지 못하고 있다. 그럼에도 불구하고 선종을 제외한 많은 종파들의 사상이 교판론을 중심으로 발전했던 점에 비추어 오늘날에도 새로운 시대에 적합한 현대적인 교판론의 정립이 요구된다고 하겠다.

백성욱 박사는 그러한 의미에서 새로운 교판론을 제시한 것으로 생각된다. 박사는 석가모니 부처님의 49년간의 일대교를 4시(時) 4교(敎)로 분류하고 화엄부는 아스바교샤(馬鳴마명)와 나가르쥬냐(龍樹용수)가 아함부를 부연해서 설명한 것으로 해명하여 역사적 사실에 충실하였다. 4교란 아함부(阿含部), 방등부(方等部), 반야부(般若部), 법화·열반부(法華·涅槃部)를 말하며 박사에 의하면 그 시산 순서와 내용은 다음과 같다.

부처님은 성도 후 처음 12년 간 아함부를 설했는데 그 내용의 요체는 고집멸도(苦集滅度)의 4제(諦) 법문이다. 그것은 당시 인도 사람들의 고통을 먼저 해결해 주기 위한 것이었다. "이 세상은 고생이니 그 근본을 살펴서 없애면 밝아진다"는 것이 곧 고제(苦諦)요, "뭉쳐라, 할 것 아니할 것 구별을 해라" 그것이 집제(集諦), "그것을 없애라"가 멸제(滅諦), 그리고 그 다음 "종요로운 데로 나갈 수 있는 것"이 도제(道諦)라는 것이다.

아함부 경전 다음에 인도의 사회적 불평등을 원리적으로 해소한 법문들이 8년 동안 설하신 방등부 경전들이다. 방등부는 4성(姓) 계급의 선천적인 불평등 이론을 부정하고 "모든 사람들은 다 똑같이 원인지어 결과 받는 것일 뿐 일체가 평등하다"는 원리를 선언한 것이다.

세 번째로, 그 다음 21년간에 걸쳐 설해진 것이 반야부 경전들인데 이때는 그 이전 20년간 설법으로 인도 사람들의 근기가 어느 정도 성숙하여 바로 성불하는 법을 보인 것이다. 그 요지는 "한마음 닦아 성불한다"는 것으로서 반야부는 부처님의 일대기를 하루에 비할 때 가장 밝은 정오에 해당한다는 것이다. 그 중에서도 특히 금강경은 반야부의 핵심을 체계적으로 갈무리한 중심경전으로서 이론과 수행의 원천이 되는 경이라는 것이 백성욱 박사의 해석이다.

그 다음 나머지 8년 간 법화·열반을 설하셨는데 이는 불교의 유통(流通)을 위한 법문들이다. 예를 들어 그 이전에는 이찬티카(부모나 부처를 해한 자 등)는 성불할 수 없다고 했으나 법화·열반에서는 일체 중생이 부처님 성품을 가지고 있어 성불할 수 있다고 하였다.

화엄부는 백성욱 박사의 불교철학에서 제2기부터 제3기까지 소의경전(所依經典)으로 매우 중시되었으나 제4기에 금강경으로 바뀌었음을 알 수 있다. 금강산 수도 시에는 '대방광불화엄경' 제창이 수행의 중심을 이루었고 금강경으로 전환된 후에도 화엄경은 "부처님의 생활 그 자체를 그린 것"으로 높이 평가되고 있다.

그럼에도 불구하고 소의경전의 지위를 상실한 이유는 화엄경이

용수보살의 작품이라는 역사적인 사실에도 있겠으나 보다 중요한 것은 화엄경이 석가모니불의 법으로부터 발전한 것이면서도 석가모니불에 대한 배려가 부족하다는 점 때문인 것으로 보인다.

김웅태 씨의 증언에 의하면 백 박사는 어느 법회에서 화엄경에 관해 "화엄경은 웅대한 경지를 그렸으나 그 곳에는 석가모니불이 계실 자리가 없다. 화엄경은 용수보살이 금강경을 읽다가 쏟아지는 경계를 받아 적은 것인데, 어쩌면 그이가 경속에 석가세존이 계실 자리가 없게 했는가" 라고 논평을 한 적이 있다고 한다.

○ 수행론(修行論)

앞에서 우리는 불교란 '실제적 현실에서 구득한 진리'를 철학적 관섬에서 객관적으로 연구하는 것이라는 정의를 보았다. 백성욱 박사의 불교에 있어서 진리의 실제적 구득은 가장 중요한 부분을 차지하며 따라서 그 수행론은 박사 스스로의 체험을 바탕으로 한 독특한 측면을 지니고 있다. 다음은 수행의 요지를 가장 간결히 표현한 박사의 소사(素砂) 시절 서한문 전문(全文)이다.

> 미륵존여래불을 마음으로 읽어서 귀로 듣도록 하면서 당신의 생각은 무엇이든지 부처님께 바치는 마음을 연습하십시오. 자신이 가지면 병(病)이 되고 참으면 폭발합니다. 이것

이 닦는 사람의 항복기심(降伏其心)이라, 아침·저녁으로 금강경을 읽으시되 직접 부처님 앞에서 마음 닦는 법을 강의 듣는 마음으로 배워 알고 실행하고 습관이 되도록 하십시오.

그리고 육체는 규칙적으로 일하시고, 정신은 절대로 가만히 두십시오. 이와 같이 백 일(百日)을 되풀이 하신다면 대략 10회 가량이면 자기의 숙명통(宿命通)이 나고 타인(他人)의 숙명도 알 수 있나니 이것은 아상(我相)이 없어진 연고입니다. 이것이 초심 불교의 행상(行相)이라고 할까요.

주의하실 일은 공부(工夫)하겠다면 탐심(貪心), 공부가 왜 안 되나 하면 진심(嗔心), 공부가 잘 된다하면 치심(痴心)이니, 이 세 가지 아니하는 것이 수도(修道)일진댄 꾸준히 하되 안하지만 말면 됨이라.

고인(古人)은 '斯可以綿綿(사가이면면) 不可以勤勤(불가이근근)[5]이라 했지요.

여기서 백성욱 박사에게 있어서 '진리 속의 주관' 즉 부처님은 '미륵존여래불'이고 '진리의 객관' 즉 달마(法)는 금강반야바라밀경(약칭 금강경)임을 알 수 있다. 따라서 진리에 이르는 수행 방법은, 진리의 주관과 합치하는 길인 "미륵존여래불" 염송과 진리의 객관

---

5) 끊임없이(綿綿)하되 급하게(勤勤)하지 말라는 뜻

을 체득하는 길인 금강경 독송이라 할 수 있다. 그리고 이 두 가지 방법은 통틀어서 '바치는' 공부에 귀착한다. 이들을 좀 더 살펴보자.

미륵존여래불은 석가모니불의 영산회상에서 3,000년 후에 성불할 것으로 수기(授記)를 받은, 오는 세계의 주세불(主世佛)이시라고 한다. 영산회상에서 석가모니 부처님께서 1,250인이 모두 진리의 불빛을 밝히고 있는 것을 보고 '한마음 닦아 성불하는구나'하는 찬탄을 했더니 그 말씀을 듣고 '옳지 내가 성불하게 됐구나'하는 생각을 한 다른 제자들은 다시 캄캄해졌는데 오직 한 제자만이 더욱 밝은 빛을 내고 있어 부처님으로부터 수기를 받았다.

그 제자는 자만심을 내는 대신에 '부처님이 아니시면 이런 말씀을 어떻게 들을 수 있을까'하는 공경심을 내어 더욱 밝아진 것이라는 설화를 통해서 백성욱 박사는 완전무결한 미래의 희망의 부처인 미륵존여래불을 제시하고 있다. 우리가 그분의 명호를 부르는 것은 부처님의 마음이 어디 있는가를 찾는 것이고 그분의 밝은 자리로 향함으로써 컴컴한 우리 자신을 바치는 것이다.

바치는 공부의 또 하나의 측면은 아침, 저녁으로 금강경을 읽는 일이다. 교판론에서 보았듯이 금강경은 부처님 법문 중 가장 빛나는 정오(正午)에 해당되는 반야부의 요체이므로 금강경을 읽으면 밝아질 수 밖에 없다. 금강경은 밝은 자리이며 따라서 컴컴한 것을 용납하지 못하기 때문이다.

또한 아침에 읽는 금강경은 낮 동안의 재앙을, 그리고 밤에 잘 때 읽는 금강경은 자는 동안의 재앙을 소멸한다. 마음속에 집어넣어 두었던 것들은 결국 고통의 원인이 되는 것인데 그것들이 금강경을 독송하면 빠져 나오기 때문이라고 한다.

백 박사는 불교공부의 핵심인 계·정·혜(戒定慧) 3학(三學)도 금강경 독송으로 이루어질 수 있다고 설한다. 즉 금강경을 아침, 저녁으로 읽으면, 해야 할 일과 해서는 안 될 일을 자연히 구별할 수 있게 되니 이것이 곧 계(戒)요, 또 헐떡거리는 마음이 쉬게 되니 곧 정(定)이요, 무언가 깨닫는 것이 있게 되니 곧 혜(慧)가 아니겠느냐는 것이다.

그런데 이러한 공부를 바치는 공부로 귀착하여 '바쳐라'라고 하는 말씀에 박사가 주창한 수행법의 특징이 있다. 바친다는 것은 곧 '준다'는 의미도 있고 '비운다'는 의미도 있는데 꼭 '바친다' 또는 '드린다'로 말하는 것은 그 용심(用心)이 다르기 때문이다. '바친다'는 것은 결국 부처님께 바치는 것이며 거기에는 공경심이 들어 있다. 우리가 그 대신 '없앤다' 또는 '버린다'라는 말을 쓸 때 우리는 거기서 종교적인 경건한 마음을 느낄 수 없는 것이다.

'버린다', '없앤다'는 말은 스스로 복을 차버리는 박복한 중생을 연상하게 되는 반면에 바치는 것은 자기보다 훌륭한 분, 부처님을 대상으로 하고 있으며 부처님께 바치는 것은 곧 복을 짓는 것이다. 자기가 가지고 있는 모든 컴컴한 것들을 부처님을 향하여 바치니 부처님이 다 제도해 주실 것이요 그 대신 자기는 점점 밝아지고 씩씩해질 것이 틀림없다. 따라서 복은 받는 것이 아니라 지어야 하는 것이다. 자기가 가진 모든 마음을 무조건 부처님을 향하여 바치면 부처님께서는 한없는 복을 내려주실 것이요 자기가 복을 받고자 마음을 끌어안고 있으면 결국 자기 자신을 부자유하게 만드는 것이 된다.

앞에 인용한 백성욱 박사의 서한에서 그러한 공부를 100일씩 10회를 하면 숙명통이 난다고 했으니 그것은 수행의 일차적 결과가 될 것이다. 진리의 수행은 현세적으로는 재앙의 소멸과 밝은 생활이요, 궁극적으로는 도통(道通), 즉 진리의 주관과 객관과의 완전합일이다. 수행의 결과는 정신의 변화와 육신의 변화가 함께 병행하여 나타난다. 왜냐하면 마음은 곧 세포의 생성, 변화에 영향을 미치기 때문이다. 수행의 단계적 결과에 대해서는 소사에 기거하면서 오랜 동인 백 선생님을 모시고 공부한 김재웅 법사의 나음과 같은 수행 사례를 통해 설명해 볼 수 있을 것 같다.

김재웅 법사는 소사에서 백 선생님을 모시고 그 방법에 따라 오래 공부하여 여러가지 체험을 했다. 소사에 들어가기 전에 박사를 뵙고 집에서 처음에 공부하는데 어떤 여성 생각이 자꾸 나서 박사께 여쭈었더니 그 여인 얼굴을 생각하며 거기다 대고 자꾸 '미륵존여래불' 정진공부를 하라고 하였다. 100일쯤 정진을 하니 그 여인과의 숙세(宿世)의 인연을 볼 수 있었으며 그 후 자기 모친과 동생에 대해서도 차례로 같은 공부를 해서 숙명을 볼 수 있었다고 한다.

그 후 그는 소사에 들어가 박사를 모시고 곁에서 공부를 계속했는데 아상(我相)을 뽑는 공부이기 때문에 '지렁이가 태양 속에서 몸부림치듯 견디기 어려운 공부'를 계속했다. 물론 아침, 저녁으로 금강경을 읽고 '미륵존여래불' 염송을 정진하는 공부이다.

그렇게 200일쯤 지나서 약도 먹지 않았는데 회(회충)가 뭉텅이로 빠지더니 심신이 상쾌했다. 박사께 여쭈었더니 분별(分別) 한번 일으키면 회가 되는데 그것이 공부하는 밝은 기운에 못 이겨 뭉쳐서 나온 것이라 하였다. 다시 400일쯤 되어 이번에는 피고름 덩어리 같은 것을 배설했다. 박사께서는 그것이 진심(瞋心: 성내는 마음)을 낼 때 끈끈한 액이 나와 위(胃)에 붙어 모인 것인데 진심을 내면 그런 것이 생기고 나중에는 오히려 그것이 흔들려 진심이 나는 수도 있다고 설명해 주셨다.

그 후 소사에서 3년쯤 지났을 때 하루는 우사(牛舍)에서 내려오는데 갑자기 밝은 기운이 하늘에 꽉 차 있는 것을 보고 '미륵존여래불'을 무심코 했다. 내려와서 박사께 여쭈었더니 그럴 때는 공경심 내어 "시봉 잘 하겠습니다" 하라고 일러 주셨다. 그것이 법신불(法身佛)을 본 것인데 옛날 참선하던 도인들 중에는 공경심을 내지 못해서 그런 경우에 몸을 곧 바꾸게 되는(육체적 죽음을 말함) 경우가 많았다는 것이다.

기록에 보면 '나는 이제 3일 후에 간다'고 예언하고 돌아간 도인들이 많은데 그들은 다 거기에 걸린 것이라고 설명해 주셨다. 우주의 기운은 공경심이 있는 자는 밀어주지만 아상(我相)을 가진 자는 내려치기 때문이라는 것이다. 그는 소사에서 백 선생님을 모시고 공부한 이야기를 《닦는 마음 밝은 마음》등의 저서를 통해 일반에게 널리 전하고 있다.[6)]

그러면 견성(見性)이란 무엇인가? 마음이 육체 속에 갇혀 있을 때는 육신 속의 마음이요. 그것이 육신을 벗어나 객관적으로 육신을 보게 되면 성리(性理)라고 한다. 성리가 밝은 도인들은 몸을 받을 때(즉 태胎속에 들어갈 때) 몸에 들어가지 않고 밖에 있다가 아기가 뱃속에서 떨어질 때 비로소 들어감으로 고통을 겪지 않는다는 것이다. 그런데 성리(性理)를 또 다시 객관적으로 보는 것이 바로 견성이며 공부를 하게 되면 자연히 그러한 단계를 거치게 되는데, 항상 공경심을 잃지 않으면 그러한 일들이 아무런 장애를 일으키지 않는다고 한다.

수행의 결과는 모든 사람들에게 이상에 든 예와 꼭 같을 수는 없으며 개인적인 차이가 없지 않다. 금강경 독송 공부를 하는 사람들의 이야기를 종합해 보면 공부의 효과는 우선 자신의 생활과 주변이 안정되며, 육신이 상쾌하고 건강해지는 깃으로 나타난다. 그리고 내면적으로 초기에는 꿈에 뱀이나 용 같은 파충류를 보는 일이 많아

---

6) 김재웅 법사는 백 선생님의 가르침을 기초로 《닦는 마음 밝은 마음》(서울: 도서출판 용화, 1991), 《머무는 바 없이 마음을 내라》(서울: 도서출판 용화, 1992), 《그 마음을 바쳐라》(서울: 도서출판 용화, 1995) 등의 저서를 냈다.

지고 맹수가 나타나기도 하며 높은 산, 맑은 물, 바다, 절(寺)등이 보인다. 공부가 깊어지면 김재웅 법사와 같은 육체적 변화, 또는 경계를 보게 되며 밝은 기운(혹은 백색광명白色光明)을 보거나 육체적으로 어떤 황홀경(엑스타시 ecstasy)을 경험한다.

그러나 수행자는 이러한 모든 경계에 접해서 이에 탐착(貪着) 하거나 놀라지 말아야 한다. 그것들 자체가 다 부처님에게 바칠 자료라는 것을 알고서 공부를 계속한다. 또한 공부자체도 법에 맞게 해야지 탐·진·치를 가지고 하면 공부가 아닌 것이다. 그러므로 공부는 꾸준히 실제로 할 뿐이지 공부하겠다고 하면 그것이 곧 탐심(貪心)이고, 공부가 왜 안 되냐 하면 그것이 곧 진심(嗔心)이며, 또한 공부가 잘 된다하면 치심(痴心)이니, 이 세 가지 안 하는 것이 수도(修道)인 것이다.

○ 백성욱 박사와 그 가르침의 특징

이상 백성욱 박사의 일생과 불교 철학을 간단히 스케치 해 보았다. 그는 어린 시절부터 지혜를 추구하는 것을 생의 목표로 삼았다. 철학자(philosopher)의 본래 뜻이 애지자(愛知者), 즉 지혜를 사랑하는 사람이라고 한다면 철학박사인 백성욱 박사야 말로 타고난 애지자라고 할 것이다. 그러나 그가 추구한 철학은 사변적인 지혜가 아니라 생명의 무한한 에너지를 발휘하도록 하는 지혜였다.

그가 추구한 지혜는 우리말의 "슬기"와 유사한 것이었으며 그런 슬기를 얻는 방법론과 실제를 석가모니 붓다의 삶과 철학에서 배웠다. 그의 일생을 보면 독립운동과 독일유학, 귀국 후 대한민국 건국운동에의 참여와 내무장관 취임 등 정치활동, 동국대학교 총장직 수행, 그리고 은퇴 후 수행생활로의 복귀와 중생제도 등의 인생 역정에서 어느 때 어느 상황 속에서도 거기에 알맞은 모범을 보였음을 알 수 있다. 흔히 화엄경을 우주 진리의 시현으로서의 붓다의 일생을 그린 하나의 오케스트라에 비유하기도 하지만 백성욱 박사의 일생 자체가 완성된 한 곡의 장엄한 오케스트라나 서사시를 보는 느낌을 갖게 된다.

이상에서 살펴본 백성욱 박사의 불교철학을 다음과 같이 요약해 볼 수 있다.

첫째, 현대인이 출가사나 재가사나 어디에서나 실천할 수 있는 생활불교의 요소들을 고루 갖추고 있다는 점을 지적할 수 있다. 먼저 신비적 요소나 미신적 요소가 없이 건전한 종교심에 바탕을 둔 간결한 원리로 구성되어 있다는 점이 생활불교의 요건을 갖추었다. 부담 없이 마음만 먹으면 실천할 수 있는 수행문을 제시하고 있어 생활불교로서의 장점을 지닌다.

'미륵존여래불' 염송과 금강경 독송은 경건한 마음과 자세를 바로 하는 것 이외에는 특별한 훈련과 기술을 필요로 하지 않는다. 오직 공경심을 가지고 꾸준히 계속하면 될 뿐이다. 그리고 공부하는 도중에 경계(수행의 결과로 나타나는 신비한 체험)를 보고 듣더라도 그에 빠지지 않고 얼른 바쳐서 평상심을 잃지 않으면서 공부를 계속함으로서 끊임없이 향상할 수 있는 것이다.

둘째, 불교의 주요 덕목들을 그 기본 정신을 유지하면서 현대 생활에 알맞은 덕목으로 되살릴 수 있는 방향을 제시하고 있다. 예를 들어 탐·진·치를 과거에는 끊고 참는 것으로 알았는데 백 박사의 공부 방법에서는 탐심은 깨치고(자기 분수를), 진심(嗔心)은 바치고(참으면 스트레스가 쌓여 병이 된다), 치심은 닦으라고 말한다. 이러한 덕목의 재해석은 이론 철학에서 나오는 것이 아니라 '실제적 현실로부터 구득한 진리'에서 도출된 것이다.

셋째, 수행의 적극적 측면을 볼 수 있다. 일반적으로 불교는 은둔적이고 소극적이라는 인상을 가지고 있는 사람들이 적지 않다. 그렇게 된 것은 소승적 태도를 지닌 사람들이 세상으로부터 도피하여 자기 자신만의 안심입명이나 자기 자신을 위한 구복(求福)만을 추구한 때문이다.

그러나 백성욱 박사의 불교 해석에 의하면 복은 받거나 비는 것이 아니라 내 스스로 지어(作作)야 하는 것이다. 복을 어떻게 짓는가? 부처님 기쁘게 해 드리는 일이다. 그러므로 불교 공부는 세상에서 도피하는 것이 아니라 세상 속에서 열심히 일하고 노력해서 부처님 전에 복 많이 짓는 것이다. 내면에서 떠오르는 모든 생각과 외계(外界), 즉 환경에서 오는 모든 사물들을 다 부처님께 바쳐서 복 짓는 공부야말로 대승적인 정신을 구현하는 것이요 현대 사회에 적합한 불교 공부인 것이다.

복을 받으려는 마음은 약한 마음이지만 복을 짓는 마음은 떳떳한 주인의 마음이다. 그래서 백성욱 박사는 사회생활을 하는데 있어서도 이러한 원리를 적용하여 남의 직장에 고용되어 있으면 봉급의 3배 값어치의 일을 하겠다는 자세로 근무하라고 가르친다. 그렇게 하면 고용인의 마음이 아닌 주인과 같은 마음이 되어 떳떳해지고 발전이 있게 된다는 것이다.

다음으로 박사의 불교철학은 불교 본래의 활기와 종교심을 되살려 놓고 있음을 볼 수 있다. 불교는 '실제 현실에서 구득한 진리'를 기본으로 하기 때문에 어디까지나 실천을 중심으로 성립하는 것이며 이론은 그러한 실제상의 진리를 객관적으로 체계를 세워 정리한 것이다. 따라서 실천 없는 이론, 또는 철저하지 않은 실천 결과를 토대로 구축된 이론은 활기를 지닐 수 없다. 요컨대 불교는 도인이 출현해야 비로소 활력을 지니게 되는 것이다. 백성욱 박사는 스스로 철저한 수행인이었으며 그 결과를 토대로 공부방법을 체계화했기 때문에 그 법에 따른 실천이 곧 불심(佛心)을 활성화하게 된다. 특히 그의 불교철학에서는 철저히 공경심을 강조하는 점에서 불교 원래의 경건심을 회복해 놓았다.

불교가 중국으로 전해져 크게 발전하였고 선(禪)의 독특한 경지가 개척된 것은 사실이다. 선사(禪師)들은 선에서 확인된 불교의 대자유(大自由)를 언어가 끊어진(언어도단言語道斷)자리로 파악하여 '부처도 죽이고 조사도 죽이라(살불살조殺佛殺祖)'는 말도 거침없이 했던 것이다. 불교는 불교자체에서도 해방되어야 진정한 불교가 될 수 있다는 점을 단도직입적으로 표현한 것으로 이해된다.

그러나 그러한 말들은 후세에 곡해되기 시작하여 불교공부가 깊어질수록 부처님까지도 안중에 두지 않는 일부 바람직하지 않은 풍조를 낳게 되었던 것 같다. 오늘날과 같은 다종교적인 대중사회에서 종교가 경건한 마음을 잃는다면 어떻게 사람들의 귀의를 받을 수 있겠는가?

석가모니불에 의해 선포된 불교는 신(神)을 세우지 않지만 신을 의지하는 종교보다 훨씬 종교적 경건함을 지니고 있으며 신이 되기를 원하지 않지만 신보다 더 깊은 신성(神性)을 지니고 있다. 불교에서 경건함과 공경심을 제거하면 서구의 사변 철학과 구별하기 어렵게 될 것이다.

백성욱 박사의 불교철학은 이러한 경건심, 공경심을 회복해 놓았다. 불교 공부를 한다는 것은 곧 부처님을 공경하는 마음을 연습하는 것과 다르지 않다. 불교인은 아무리 작은 부처님 상(像)에게도 경배하지 않을 수 없다. 물론 그 경배의 대상은 등신불(等身佛) 자체나 육신에게 절하는 것이 아니라 그때 마음속에 비쳐 오는 '부처님 하는 마음'에다 절할 줄 알아야 한다. 더 나아가 백 박사는 '모든 사람을 부처님으로 대하라'고 설하고 있어 모든 부처님을 공경할 뿐만 아니라 사람을 부처님으로 알아 공경하라는 것이다.

　백성욱 박사는 석가모니불의 가르침에 따라 '실제의 현실로부터 구득한 진리'를 토대로 현대 세계에 맞는 생활불교, 부처님에 대한 공경심을 회복한 실천불교를 확립하였던 것이다.

Ⅲ. 금강경을 어떻게 이해하고 독송할까?

나는 육바라밀을 연의(演義)하여
나의 생활신조로 삼아왔다

1. 이 세상을 대할 적에 보수(報酬)없는 일을 연습하라.
2. 제 마음 가운데 미안(未安)을 머물러 두지 말라.
3. 이 세상을 모두 성인(聖人)으로 보아야 한다.
4. 이 세 가지를 해 성과가 많거든 부지런히 실행하라.
5. 부지런히 실행할수록 몸과 마음이 안정되는 것이다.
6. 마음이 안정되어 슬기가 생기니 이것이 곧 지혜다.

-백성욱, "나를 발견하는 길"에서-

세상을 보는 눈

　여기에 사방이 밀폐되고 다만 밖을 볼 수 있는 여섯 개의 작은 유리창이 있는 큰 동물우리가 있었다고 하자. 이곳에서 몇 대에 걸쳐 갇혀 살아온 원숭이들은 세상에 대해 늘 궁금하게 생각했는데 각자가 자기 앞에 있는 창문을 통해 세상을 이해하였다. 산을 본 원숭이는 이 세상은 산이라고 주장하고 들판을 보고 있는 원숭이는 들판을 세계라고 믿었다. 이렇게 해서 여러 개의 창을 통해 서로 다른 세상을 내다 본 원숭이들은 각각 자기가 본 모습이 세계의 참 모습이라고 믿고 그 주장을 굽히지 않았다.

　그런데 그 중에 지혜로운 사람이 함께 살고 있다가 밖으로부터 들어오는 빛을 따라 동물 우리를 벗어나는 길을 발견하고 밀폐된 곳에서 나와 세계의 참 모습을 전체적으로 보게 되었다.

　그는 태양이 있고 달이 있고 산하대지(山河大地)가 펼쳐져 있는 세계의 참모습을 보고 그 곳에서 그대로 머무르려 했지만 함께 고생하던 무리들에 대해 큰 자비심을 일으켜 동물 우리에 다시 돌아와 그 곳을 벗어나서 세상의 참모습을 볼 수 있는 길을 가르치기 시작하였다.

플라톤의 국가론에서도 비슷한 비유가 있지만 이 비유에서 동물 우리에 갇힌 원숭이들은 인간이고 여섯 개의 창문은 인간들이 세상을 보는 방식이고 지혜 있는 자는 부처님, 세계의 참모습은 진리, 그리고 동물 우리를 벗어나는 길은 부처님의 가르침이다.

우리들이 세상을 이해하고 살아가는 방식은 크게 세 가지로 나눌 수 있다. 지금으로부터 근 3천 년 전에도 석가모니 부처님은 당시의 잘못된 생각들을 3종 외도(三種外道) 5종 악견(五種惡見)으로 분류하셨다. 오늘날에도 이 세 가지 바르지 못한 길과 다섯 가지 나쁜 견해가 여러가지 형태로 존재하고 있다고 본다. 세 가지 외도란 존우론(尊祐論), 숙작인론(宿作因論), 무인무연론(無因無緣論)을 말하며 5종 악견은 무인무연론을 더 세밀하게 분류한 것이다. 그러면 세 종류의 바르지 못한 길, 즉 3종 외도란 무엇인가?

첫째, 존우론이란 브라만교의 가르침을 대표로 하여 모든 것이 신에 의해 만들어지고 결정된다는 사상이다. 부처님은 만일 모든 것을 신이 만들고 결정한다면 인간의 책임을 따질 수 없으며 인간 의지가 설 땅이 없다고 이를 비판하셨다.

둘째, 숙작인론에서는 인간이 받는 현재의 모든 고락은 과거 전생의 업(業)의 결과라는 논리를 가지고 있으며 우파니샤드와 자이나교가 그러한 입장을 취했다. 모든 것이 정해진 팔자소관이라고 운명에 맡기는 태도라 할 수 있다. 부처님은 이는 인간의 의지를 부정하고 인간의 수행이나 노력을 불필요하게 보도록 하는 논리라고 비판하셨다.

셋째, 무인무연론은 인과의 법칙을 부정하는 이론이다. 말하자면 콩 심은데 콩 난다는 당연한 이치를 부정하는 논리이다. 부처님은 이는 인간이 올바른 목적을 세우고 수행을 하는 것을 무의미하게 만드는 사상이라고 비판하셨다.

인간에게 가장 의미 있는 큰 지혜란 우주와 세계와 인간에 대해서 올바른 견해를 가지는 것이다.

동양의 세 가지 핵심사상 즉 불교, 유교, 선교는 어느 정도 이러한 잘못된 견해로부터 벗어나 있다고 할 수 있다. 3교는 모두 인간의 노력과 책임을 강조한다. 만해 한용운 선생은 유(儒)·불(佛)·선(仙) 삼교(三敎)는 이미 개개 인간이 다 구족하게 갖추고 있다고 제자에게 말했다고 한다.

인간은 태어나자마자 부모와 국가를 가지게 되니 효도와 충성을 근본으로 하는 유교를 갖추었고 건강과 장수를 바라니 이는 곧 선교이며 사람으로 태어나서 우주와 인생의 근본원리를 깨달아야 하니 불교를 요구한다는 것이다.

석가모니 불타는 인간이 가지고 있던 갓가지 편견과 무지를 극복하고 크나큰 깨달음을 성취하여 세계와 인간을 바로 볼 수 있는 지혜를 우리에게 열어주셨다. 그리고 그러한 지혜를 일깨워 주시기 위하여 부처님은 팔만대장경에 들어있는 바와 같은 방대한 분량의 설법을 하셨던 것이다.

불교에서 금강경의 위치

부처님의 경전은 경(經), 율(律), 논(論) 삼장(三藏: tripitaka)으로 나누어지는데 경은 부처님의 말씀을 적은 것이고 율은 부처님이 정하신 계율이며 논은 불타 입멸(入滅) 후에 용수(龍樹: 나가르주나), 마명(馬鳴: 아스바고샤)과 같은 논사(論師)들이 불법의 이치를 논술의 형태로 해설한 것이다.

이 중에서 물론 부처님의 말씀인 경전이 불교사상의 핵심이라고 볼 수 있는데 경전의 종류가 방대하기 때문에 중국에서 그러한 경들을 체계적으로 분류하기 위한 이론이 발전하였다. 이를 교상판석론(教相判釋論), 또는 줄여서 교판론(教判論)이라고 한다.

교판론에 관해서는 이미 앞부분에서 언급한 바 있으며 여기서는 백성욱 박사의 현대적인 교판론을 다시 한번 요약 정리하고자 한다. 부처님은 49년간의 재세(在世) 기간 중 다음과 같은 단계로 설법을 하셨다. 처음 12년은 아함부 경전을 설하였는데 그 핵심은 고집멸도(苦集滅道)의 원리였다.

이 세상은 고통인데(苦), 그것을 한군데로 모으면(集), 고통이 없어지고(滅), 바른 길(道)을 얻게 된다는 것이다. 부처님 당시에도 인도에서는 한 해의 반은 장대같은 비가 퍼붓는 우기(雨期)이고 나머지 반은 햇볕이 사정없이 내려 쪼이는 건기(乾期)여서 사람들의 생(生)은 그 자체가 고통일 수 밖에에 없었다. 부처님은 깨달음을 얻고 나서 우선 사람들에게 자신의 고통을 해결하는 방법을 일러 주었던 것이다.

12년간 설법으로 개인의 고통을 해결하는 방법을 설하고 나서 부처님은 다음으로 사회적 문제를 해결하기 위하여 8년간 방등부 경전을 설하셨다. 당시 인도에는 4성 계급이 있었으니 브라만, 크샤트리아, 바이샤, 수드라의 4계급이 그것이다.

파밀 고원으로부터 인도로 내려온 브라만족은 인도의 원주민을 정복한 다음 백성을 지배하기 위한 수단으로 브라만교의 창조신화를 전면에 내세웠다. 그러한 신화에 의하면 제사장 계급인 브라만 족은 브라만 신(神)의 이마에서 나왔고 왕족인 크샤트리아 족은 그 옆구리에서, 평민인 바이샤는 배에서, 그리고 천민인 수드라는 발바닥에서 나왔다는 것이다. 따라서 인도에서 계급 간 지배 종속관계는 선천적으로 이미 정해졌다는 것이다.

부처님은 브라만신의 창소에 의해 인간의 운명이 정해진다는 것은 있을 수 없는 일이라 설파하시고 "모든 것은 각자가 원인 지어서 결과 받는 것이며 일체가 평등하다"는 진리를 8년간의 방등부 경전을 통해 설하셨다.

아함 12년과 방등 8년 도합 20년을 설하시니 사람들의 근기가 어느 정도 성숙되어 부처님은 이제 바로 인간이 부처를 이룰 수 있는 길을 열어 보이셨으니 그것이 바로 21년간 설하신 반야부 경전이다. 반야부 경전의 핵심은 "한마음 닦아 성불(成佛)한다"는 것이다. 부처님의 49년간의 설법을 하루에 해당하는 시간으로 비유한다면 반야부는 정오(正午), 즉 태양이 가장 빛나는 한 낮에 해당한다고 할 수 있다.

그 중에서도 금강경은 반야부 경전의 핵심을 잘 갈무리하고 그 정수를 담은 경전으로 불교사상의 최고봉에 위치하고 있다.

반야부 경전을 설하신 후 열반하실 때까지 나머지 8년간 부처님은 법화·열반부 경전을 설하셨다. 여기서 부처님은 모든 만물이 다 부처님 성품(性品)을 갖추고 있으며 만법은 하나로 돌아간다는 이치를 설하시고 열반의 세계를 보여주셨다.

금강경은 금강반야바라밀경의 준말이다. "금강(金剛)"은 다이아몬드를 일컫는 말로서 모든 물질 중에서 가장 단단하고 무엇으로도 깨뜨릴 수 없으며 동시에 무엇이든 뚫고 부술 수 있는 성질을 지니고 있으며 또한 가장 귀한 보석의 의미를 표현한 것이다.

반야(般若)는 "프라주나"라는 산스크리트어(語)를 한자(漢字) 음으로 표기한 것으로 "지혜"를 의미하며 "바라밀" 역시 "파라미타"의 음역으로 이 언덕에서 저 언덕으로 건너간다는 뜻이다. 그러니까 금강반야바라밀경은 "다이아몬드 같은 지혜로 고통의 이 언덕에서 열반의 저 언덕으로 건너가는 방법을 일러주는 성인의 말씀"이다.

금강경의 번역과 유통

금강경은 대승불교가 일어난 초기 대략 서기 150~200년경에 성립된 것으로 보고 있다. 이 경은 현학적이지 않은 소박한 대승불교의 논리로 상에 집착하지 말고 선행을 닦을 것을 권하고 있으며 탑에 대한 공양이나 물질적 공양 보다 경을 받아 지니고 독송하는 공덕을 높이 찬탄하고 있다.

원전은 산스크리트어로 되어 있는데 중국, 티베트 등으로 불교가 전파되면서 티베트어와 한문으로 번역되어 우리나라와 일본에 전해졌다. 한역은 구마라습(鳩摩羅什: 나습으로 야칭)을 필두로 하여 보리유지(菩提流支), 진제, 급다(笈多), 현장(玄奘), 의정(義淨) 등에 의해서 이루어졌는데, 그 중에서 오늘날까지 가장 널리 읽히고 있는 것은 나습의 번역본이다.

현장은 나습 본에 산스크리크 원본에서 빠진 것과 오역한 부분이 있다면서 원본에 충실해야 된다고 다시 번역했다. 급다 본은 더욱 원본에 가깝게 번역하여 반복이 심하고 직역으로 이해하기가 어려운 점이 있다. 그러나 모든 번역본이 내용상의 큰 차이가 나는 것은 아니다.

나습은 인도에서 왔으나 중국어를 잘했고 대승의 원리를 잘 파악하고 있어 간결한 문장으로 뜻이 잘 통하게 하였고 대중이 즐겨 읽을 수 있게 번역을 하였다. 그것이 나습 본이 대중화되고 생명력을 갖게 된 비결이었다고 할 수 있다. 나습은 오늘날까지도 외국어를 번역할 때 중요한 준칙으로 간주되고 있는 다음과 같은 원칙을 세워 번역했다고 한다.[1]

우선 첫째, 비밀스런 말은 번역하지 않는다(예: 다라니). 둘째, 여러가지 뜻을 가진 말은 번역하지 않는다(예: 薄伽梵바가범). 셋째, 중국에 없는 말은 번역하지 않는다(예: 閻浮提염부제). 넷째, 음사(音寫)하고 번역하지 않는 선례가 있는 것은 번역하지 않는다(예: 위없이 평등하고 바른 깨달음). 다섯째, 번역했을 때 그 뜻이 얕고 가벼워지는 것은 번역하지 않는다(예: 般若반야)는 것이다.

경에 대한 주석은 서기 900년경 인도에서부터 시작되었다. 인도에서 금강경의 3대 주석가로 무착(無着), 세친(世親), 공덕시(功德施)를 꼽는다. 이들 주석서는 부처를 보되 색신으로나 음성으로 보아 이에 집착하는 것은 사도(邪道)에 떨어질 수 있다고 경계하고 진리로서의 부처님, 즉 법신불(法身佛)을 보아야 한다는 점을 강조하고 있다.

금강경이 중국과 한국 그리고 일본에 전해지면서 각국에서 많은 주석서가 나오게 되었다. 중국에서는 승조(僧肇)의 금강경 주(註)를

---

[1] 僧家大學院 編纂,『金剛經全書』(1997), pp.19-20 참조.

필두로 하여 120여 가(家)의 주석이 있고 한국에서는 원효를 비롯하여 10여 가 그리고 일본에서는 호명(護命)을 비롯한 60여 가의 번역이 있었던 것으로 알려지고 있다.

중국에서 이러한 주석가들 중 대표적인 5인의 주석가의 해설을 편집하여 한권의 주석서를 만든 것이 유명한 금강경오가해(金剛經五家解)이다. 5인의 주석가는 규봉종밀(圭峰宗密), 부대사(傅大士), 육조혜능(六祖慧能,), 야보도천(冶父道川), 예장종경(豫章宗鏡)이다.

오가해는 중국에서 이미 편집되어 있었으나 우리나라에서 함허득통(涵虛得通)이 자신의 설의(說誼)를 붙여 편집하면서 많이 유통되어 왔다. 현재에도 우리나라에서 많이 유통되고 있는 금강경은 명나라의 명본(明本) 금강경 및 오가해본과 거의 공통된 것이다. 금강경의 영문 번역과 해설로는 에드워드 콘제(Edward Conze)의 산스크리트 원전으로부터의 번역과 해설이 대표적이다.

본서에서 저본으로 쓰고 있는 금강경은 1968년 백성욱 박사가 그 동안 유통되어 오던 금강경을 원래의 뜻에 맞게 다듬어 현토를 달아 출간한 것이다. 그는 동국대학교 총장과 고려대장경 보존 동지회 회장으로 일하면서 최초로 고려대장경 출간사업을 시작하였는데 그가 출간한 금강경은 조선시대부터 유통되어 온 금강경과 몇 가지 차이가 있다.

첫째, 자구(字句)상의 차이다. 가장 많은 차이는 즉(卽과 則)자의 쓰임이다. 명본과 오가해본은 '즉'자를 거의 '卽'으로 통일시키고 있으나 고려대장경본과 소사본은 그때그때 문맥에 따라 卽과 則을 구별하여 쓰고 있다.

둘째, 불교와 페미니즘(feminism)과의 관계에 관한 것이다. 거의 모든 금강경의 판본에서는 불교의 사부대중(四部大衆) 가운데 여신도에 대하여 '우바이'라는 성 차별적으로 오해될 수 있는 표현을 쓰고 있으나 소사본에서는 우바니라는 남녀 및 승속 간 평등한 명칭을 쓰고 있다.

셋째, 소사본 금강경은 독송용으로 편찬되었다. 뜻을 생각하면서 독송할 수 있도록 현토를 달았으며 독송할 때 음의 장단까지 표시하고 있다. 그래서 이 소사본은 금강경 독송회를 중심으로 널리 보급되고 읽혀지고 있다.

금강경의 주요 가르침

금강경은 불교의 주요사상인 공(空)을 제일 잘 이해한 제자인 수보리 존자가 법을 청하여 부처님이 이에 대해 설법하는 문답형식으로 이루어져 있다. 모든 불경을 듣고 전한 사람은 아난존자라고 알려져 있다. 그래서 모든 불교 경전은 "이렇게 내가 들었노라"(如是我聞여시아문)라는 문구로 시작한다. 경은 후에 중국의 양(梁)나라 소명태자가 32품으로 나누어 각 품의 특징을 간결하게 소제목으로 달았는데 대부분 이를 따르고 있다. 우선 제1분과 제2분은 부처님의 일상생활과 경을 설하는 광경이 묘사되어 있다.

○ 법회가 열리게 된 배경

부처님이 제자 1,250인과 함께 계시었는데 식사 때가 되어 옷 입으시고 발우를 드시고 사위성에 들어가 집집마다 차례로 밥을 비시는 광경이다. 당시 인도에서는 수행승이 탁발을 하는 전통이 있었다. 탁발을 하는 것은 중생들이 복을 짓도록 하기 위함이라고 한다. 탁발을 하시고 본처로 돌아오셔서 진지 잡수시기를 마치시고 의발을 잘 거두시고 발을 씻고 자리를 깔고 앉으시는 모습을 그리고 있다. 부처님의 깨달음이 특별한 것이긴 하지만 그러한 깨달음의 세계는 아주 평범한 일상생활 속에 구현되고 있음을 우리에게 알려주고 있는 것이다. 이 부분을 독송하면서 우리는 부처님이 금강경을 설법하시던 당시의 상황 속으로 들어갈 수 있게 된다.

○ 수보리 존자의 질문

수보리존자가 부처님께 법을 청하는 모습과 질문의 내용이 제2품에 나와 있다. 일테면 문제제기의 부분이라고 할 수 있다.

> 이때 장로 수보리가 대중 속에서 앉은 자리에서 일어나 가사를 오른 어깨에 메고 오른쪽 무릎을 땅에 대고 합장하고 공경하여 부처님께 사루어 말씀 드리되, 희유하신 세존님, 여래께서 모든 보살을 잘 호념하시며 모든 보살을 잘 부촉하시나이까? 세존님, 선남자와 선여인이 아뇩다라삼먁삼보리의 마음을 내려면 어떻게 그 마음을 머무르며 어떻게 그 마음을 항복받아야 합니까?

여기서 '아뇩다라삼먁삼보리'란 산스크리트어를 음사한 것으로 '더없이 높고 평등하며 바른 깨달음'(無上正等正覺무상정등정각)이라는 뜻이다. 그러니까 수보리 존자의 문제제기는 보살이 최상의 보리심을 일으켰을 때는 어떻게 마음을 머무르고 어떻게 마음을 항복받을 것인가 하는 점이다. 이에 대하여 부처님은 "여래께서 보살을 잘 호념하고 잘 부촉하며 선남자 선여인이 아뇩다라삼먁삼보리를 내려면 이렇게 마음을 머무르고 이렇게 마음을 항복받을 것이다. 너는 자세히 들어라 내가 너를 위해 설하리라"고 대답하시고 수보리는 "그렇습니다. 세존님, 즐겨 듣기를 원합니다"라고 말씀드리고 있다.

○ 마음 항복받는 법

제3품에서 부처님은 경전의 대의를 먼저 말씀하신다. 앞에서 수보리 존자가 부처님께 드린 두 가지 질문 중 '어떻게 마음을 항복받을 것인가'에 관해서 다음과 같이 총괄적인 대답을 하셨다.

> 부처님께서 수보리에게 말씀하시되 모든 보살 마하살이 응당 이와 같이 마음을 항복받을 것이니 있는 바 '일체 중생의 무리 중에 알에서 깐 것이나, 태로 난 것이나, 습한데서 난 것이나, 화해서 난 것이나 모양이 있는 것이나 모양이 없는 것이나, 생각이 있는 것이나 생각이 없는 것이나 생각이 있지도 않고 없지도 않은 것을 내가 모두 열반으로 인도하여 제

도하리라'하라. 이와 같이 한량없고 수가 없고 끝이 없는 중생을 제도하되, 실로 한 중생도 제도 받은 바 없느니라. 왜 그런가 하니 수보리야, 만약 보살이 나라는 생각이나 사람이라는 생각이나 중생이라는 생각이나 수자(壽者)라는 생각이 있으면 보살이 아니니라.

불교에서 분류하는 중생에는 9가지 종류가 있어서 9류 중생이라 하는데 보살은 "이러한 중생들을 내가 모두 열반으로 인도하여 제도하리라"는 서원을 세우라는 것이다. 아홉 종류의 중생이란 닭, 개, 물고기, 매미 등과 같이 밖에 있는 중생도 있지만 그와 비슷한 내 마음속의 중생도 있다. 알로 까는 중생은 배은망덕하는 마음의 결과요, 태로 나는 중생은 의지하는 마음이 그렇게 되었고, 습한데서 나는 중생은 숨기는 마음, 화해서 나는 놈은 잘난 체 하는 마음이 그렇게 된 것이다. 중생을 제도한다 하지만 먼저 자기 마음속에 있는 원인으로서의 중생을 제도해야 할 것이다. 마음속에 떠오르는 중생을 염불이나 독경을 통해서 부처님께 바치면 제도가 될 것이다. 마음속의 중생은 원인으로서의 중생이고 밖에 있는 중생은 결과로서의 중생이라 하겠다.

그런데 그렇게 무량하고 무수한 중생을 제도하지만 한 중생도 제도했다는 상(相)을 가지면 안 된다는 것이다. 상이란 자타를 구별하는 마음, 대립적인 마음이다. 상을 대표하는 것이 아상 인상 중생상 수자상인데 아상은 나라는 생각, 인상은 사람이라는 생각, 중생상은 중생이라는 생각, 그리고 수자상은 경험이 있어 알았다는 생각이다. 보살이 많은 중생을 제도하되, 이런 중생을 내가 제도했느니 누구를 제도했느니 그런 생각을 가지게 되면 보살이 아니라는 말씀이다. 진실로 제도했다면 그런 찌꺼기가 없어야 한다.

사람은 마음을 연습하는 대로 가기 때문에 짐승의 마음을 연습하지 말고 부처님 마음을 연습하라는 것이다.

예를 들어 남의 허물을 캐는 마음을 오래 연습한 사람의 눈은 고양이 눈을 닮아가는 것을 볼 수 있는데 그것은 중생들의 겉모습이란 마음이 연습하는데 따라 달라지기 때문이다.

따라서 우리는 중생의 마음을 연습하지 말고 완전한 인격자, 지혜의 화신인 부처님의 마음을 연습해야 할 것이다. 그래서 진리의 구도자인 보살은 안에 있는 중생이긴, 밖에 있는 중생이건 모든 중생들을 모두 남김없이 열반의 세계에 인도하리라는 서원을 세운다. 부처님께 이런 중생심을 바치면 우리 마음속 또는 바깥 세계의 중생들은 모두 제도되고 부처님 마음으로 바뀔 수 있다. 그러나 여기서 주의할 것은 이렇게 무량무수 무변중생을 부처님께 바쳐서 제도하되 "내가 했다. 네가 제도를 받았다, 저들은 중생이다, 내가 이제 좀 경험이 있다"는 등의 생각을 가지면 그건 보살의 행동이 못 된다는 것이다. 그런 생각 자체가 중생심이기 때문이다.

○ 묘하게 실행해서 머무름 없는 행위

다음은 어떻게 머무를 것인가 하는 질문에 대한 설법이다. 묘하게 실행해서 머무름이 없어야 한다는 것이 설법의 요지라 할 수 있다. 주(住)한다는 것은 머무르다, 집착하다, 집을 짓고 들어 앉아 살다 는 등의 뜻이 있다. 머무르거나 집착하거나 거기에 들어 앉아 있지 않고 행하는 그런 행위야말로 훌륭하고 아름다운 행위라는 것이다. 모두 상에 머무르지 말고 덕을 행해야 진정한 보시바라밀이 되고 지계, 인욕, 정진, 선정, 지혜바라밀이 된다는 내용이다.

그러한 행위로서 4품에서는 대승불교의 기본 덕목으로 제시되었던 여섯 가지 바라밀 중에서 먼저 제일의 바라밀인 보시바라밀에 관하여 설하고 있다. 남에게 보시를 하되 상에 집착하지 않고 보시를 하면, 예를 들어 내가 주었다는 생각을 갖는다든가 많이 주었다는 생각을 갖는다든가, 보답을 예상하고 준다든가 하는 상에 집착하지 않고 보시를 행하면 그 복덕은 허공과 같이 크다는 것이다.

중생의 습관이 받는 것을 좋아하기 때문에 보시하라고 하면 대개는 싫어한다. 그러나 사실 주는 마음은 넉넉하고 떳떳한 마음이요, 받는 마음은 거지의 마음이라 할 수 있다. 주는데 있어서 실제로 주고 안 주고는 법률적, 상황적 조건을 따져 보아야 하지만 중요한 것은 주는 마음이기 때문에 우리는 주는 마음을 연습해서 넉넉하고 떳떳한 주인의 마음을 가져야 한다는 것이다.

둘째 지계(持戒)바라밀은 여러가지 규칙을 지키는 일인데 제6품에서 언급하고 있다. 불교에는 많은 계가 있고 사회생활에도 많은 규칙이 있다. 이런 것들을 잘 지켜야 하지만 어떤 경우에는 상황과 맞지 않는 것도 있고 여러 규칙 간에 상충되는 경우도 있다. 따라서 계를 지키는 대 원칙은 "마음에 미안한 일 하지 않는 것"으로 귀착할 수 있다.

셋째 욕됨을 참는 인욕(忍辱)바라밀로서 제14품에서 인욕선인의 일화를 통해 설명하고 있다. 부처님이 전생에 인욕선인이었을 때 가리왕이라는 독재자가 진심을 내어 인욕선인의 몸을 칼로 베고 자르고 했어도 상이 없었기에 성을 내지 않았다는 것이다.

사람이 성을 내게 되는 것은 대개 다른 사람이 자신의 약점을 건드리거나 자기가 우월하다는 자만심을 다른 사람이 건드릴 때라 할 수 있다. 따라서 욕됨을 참고 성을 내지 않기 위해서는 자신의 열등의식에서 벗어나야 하며 상대방을 언제나 선생님으로 대할 수 있어야 한다. 누가 나를 비난하거나 때리면 이에 대해 원망하는 마음을 키우기 전에 저 사람이 나에게 무엇인가 가르쳐 주려고 한다고 생각하라는 것이다. 그래서 인욕바라밀을 성취하기 위해서는 모든 중생을 부처님으로 볼 것을 권유한다.

육바라밀 중 나머지 셋은 정진(精進), 선정(禪定), 지혜(智慧)이다. 이는 앞의 세 가지 덕목을 옳다고 믿어 부지런히 실컷 하면 그것이 곧 정진바라밀이요, 그렇게 되면 몸과 마음이 안정되니 곧 선정

바라밀이며, 몸과 마음이 안정되면 지혜가 솟아날 것이니 곧 지혜바라밀이라 할 수 있다. 이러한 덕목을 실천하면서도 머무르지 말고(無住무주), 자기 것으로 만들지 말며, 상(相)을 취하지 말라(無相무상)는 것이 금강경의 일관된 가르침이다. 자기가 이룩한 공덕에 안주하게 되면 더 이상 인격의 발전이 중지되며, 자기 것을 만들어 붙들고 있으면 몸과 마음의 진정한 해방을 이룰 수 없고, "이런 것이다"라는 상을 취하면 밝은 지혜의 발현이 방해되기 때문이다.

그래서 금경경은 부처님이 설하신 법(法)도 하나의 방편으로서 강을 건너는 뗏목과 같이 생각하여 강을 건너고 나면 과감히 버릴 것을 권고하고 있다.(제6품)

만일 상(相)을 버리지 않은 채 불법(佛法)이 이렇다하고 말하는 것은 곧 불법이 아니며 (8품), 상을 버리면 이 세상 모든 법이 불법 아닌 것이 없다(17품)고 설하고 있다.

인간에게는 부처님과 똑 같은 불성이 있기 때문에 부처님이 설하신 법문을 믿어 의심치 않고(信신), 이를 이해하여(解해), 가르치신 대로 행하면(行행), 몸과 마음으로 진리를 체득할 수 있다(證증).

○ 네 글귀 깨침의 게송

금강경에는 사구게(四句偈)라는 말이 여러 번 나온다. 궁극적 깨침의 경지를 네 글귀로 표현한 게송이다. 사구게는 진리의 본질을 들어내는 문구로 이것을 제대로 깨치면 모든 의문이 해소되는 그런 문구로서 중요시되어 왔다.

첫 번째 사구게는 제5품에 나온다. "무릇 있는 바 상은 다 허망한 것이니 만약 모든 상을 상 아닌 것으로 보게 된다면 여래를 보리라"라는 문구가 나온다.

수보리 존자의 질문 중에서 "마음을 어떻게 항복받습니까?"라는 질문은 욕심내고 성내고 잘난 체 하는 마음 즉 부정적인 마음을 극복하는 방법에 관한 것이다. 부처님의 답은 일체중생을 다 부처님에게 바쳐서 제도하되 제도했다는 상도 갖지 말아야 한다는 것이었다. 그런데 중생이 그렇게 하기가 어려운 것은 세상 만물과 헐떡거리는 마음이 실제로 있다고 믿으니까 집착하고 탐착하여 바치지 못하는 것이다. 그런데 사실은 모든 상은 실체가 없고 무상하여 다 허망한 것이다. 그러니 모든 상을 상 아닌 것으로 볼 수 있다면 헐떡거리는 마음이 쉴 것이니 그게 부처의 경지라는 것이다.

그 동안 경전이 어려운 한문으로 우리에게 전해졌고 권위가 붙어서 굉장한 비밀이 있는 문구 같지만 알고 보면 얼마나 쉽고 이해하기 쉬운 말씀인가? 그러나 말로만 이해하는데 그치면 의미가 없다. 그런 이치를 실제로 생활 속에 실천해서 부처님의 마음을 느껴야 정말로 깨쳤다고 말할 수 있는 것이다.

제10품에는 "모양에도 머무르지(집착하지) 말고 소리, 냄새, 맛, 촉감에도 머무르는 바(집착하는 바) 없이 그 마음을 낼지니라"라는 사구게가 나온다. 감각이나 선입견에 집착하는 마음을 내지 말고 집착함이 없이 깨끗한 마음을 내라는 것이다. 제5품의 사구게가 네가티브한, 즉 부정적인 사구게라면 여기 제10품의 사구게는 포지티브한, 즉 긍정적인 사구게이다. 헐떡거리는 마음을 항복받는 데 초점을 두는 것이 아니라 아무데도 집착하지 않는 청정한 마음을 내는 데 초점을 두고 있는 것이다.

중국에서 선종을 크게 일으킨 육조 혜능 대사는 출가하기 전 어떤 사람이 금강경을 읽는 소리를 들었는데 이 사구게에 이르러 깨침을 얻어 오조(五祖) 홍인대사를 찾아가 인정을 받아 의발을 전해 받았다는 유명한 이야기가 (덕이본)『육조단경』에 기록되어 있다. 『돈황본 육조단경』에서는 그냥 금강경을 듣고 깨침을 얻은 것으로 기록되어있고 이 사구게를 특정하지는 않았다. 진위여부를 떠나 이 사구게는 그만큼 유명해지게 된 것이다.

육조단경에 있는 유명한 육조 혜능대사가 지었다는 게송 문구 중 "본래 한 물건도 없는데 어디에서 티끌이 일어날거나"라는 게송이 돈황본에는 "부처의 성품은 늘 청정한데 어디서 티끌이 일어날거나"라는 구절로 나와 있다. 중국 선종이 발전하면서 "부처의 성품은 늘 청정한데"라는 말이 "본래 한 물건도 없다"는 말로 바뀌었음을 보여주고 있다.

제18품에는 "과거의 마음도 얻을 수 없고 현재의 마음도 얻을 수 없으며 미래의 마음도 얻을 수 없다"는 사구게가 나온다. 과거, 현재, 미래의 마음 중 어느 것도 얻을 수 없다는 것은 누구나 알 수 있다. 그런데 나이가 든 사람은 과거에 집착하는 경향이 있어서 지나간 이야기를 많이 하는 편이라 심하면 과거를 끌어안고 살며 젊은 사람은 미래의 꿈에 집착하여 심하면 허황된 꿈이 매달리기도 한다.

그러면 대체 어느 마음에 초점을 맞추어야 하는가? 이에 관해서 육조단경에 덕산스님에 관한 이야기가 나온다.

덕산스님은 금강경 해설을 잘해서 주금강이라는 별명까지 얻은 분인데 용담선사를 만나 법을 따져 보고 싶어 자기가 쓴 금강경 주석서를 등에 짊어지고 인근 마을에 와서 점심을 들고자 호떡집에 들렸다. 그런데 호떡집 노파가 덕산 스님에게 묻기를 금강경에 "과거의 마음도 얻을 수 없고 현재의 마음도 얻을 수 없으며 미래의 마음도 얻을 수 없다"고 하는데 스님은 어느 마음에 점(점심에 점자를 빗대어)을 치시려 합니까? 하고 물어 말문이 꽉 막혔다는 것이다. 그는 자기의 금강경 공부가 잘못된 것을 깨닫고 용담선사를 찾아가 가르침을 받았다는 이야기이다.

이 사구게는 공부하는 사람이 현재 현재에 충실하되 거기에도 집착하지 말아야 함을 깨우치고 있다. 지금 바로 여기(now and here)의 삶을 중시하는 실존주의의 발상과 유사하다.

제26품에도 사구게가 있다. "만일 모양으로 나(부처)를 보려하거나 음성으로 나를 구하려 한다면 그 사람은 삿된 도를 행하는 것이니 결코 여래를 볼 수 없느니라." 부처는 모양이나 음성으로는 결코 구할 수 없다는 말씀이다. 그러면 절에 계신 불상은 무엇인가? 원래 원시불교에서는 불상을 만들지 않았다. 그런데 후기에 불교가 발전하고 희랍의 간다라 미술이 들어오면서 불상 조성이 성행하기 시작하여 오늘에 이르고 있다. 그러나 근본 취지가 바뀐 것은 아니며 불상을 통해 '부처님' 하는 마음을 낼 수 있게 하기 위해서이지 불상이 곧 부처라는 생각으로 조성한 것은 아니라고 본다. 불상을 보면 '부처님'하는 마음이 생기니 그 마음을 살려 공부하도록 한데 근본 취지가 있는 것이다.

마지막 32품에 나오는 사구게는 "모든 인위적인 법(유위법有爲法)이 꿈과 같고 환과 같고 물거품 같고 그림자 같고 또한 이슬과 같고 번개와 같으니 이와 같이 볼지니라" 라고 하였다. 응신과 화신으로 나타나시는 부처님도 법신은 아니며 영원한 존재가 아니다. 따라서 남에게 법을 설할 때는 상을 취하지 않고 여여(如如)한 자세를 유지하는 것이야말로 진정으로 법을 설하는 것이다. 왜냐하면 인연에 의해 만들어진 모든 것은 다 물거품 같고 그림자 같으며 이슬과 같고 번개와 같으니 모든 사물을 이와 같이만 볼 수 있으면 실수가 없다는 것이다.

○ 복과 지혜의 보물 창고

금강경은 제1품에서 제5품까지가 핵심이고 거기서 제시된 원리를 여러가지 주제에 따라 32품에 이르기까지 응용해 설명하는 방식을 취하고 있다. 그리고 앞에서 인용한 바와 같이 중간 중간에 진리를 직접 깨칠 수 있는 사구게를 넣었다.

제1품에서 제5품까지 일단 금강경의 대의는 밝혀졌다고 할 수 있다. 수보리 존자의 두 가지 물음 즉 마음을 머무르는 방법과 마음을 항복받는 방법에 대한 답변이 일단 이루어진 것이다. 마음을 항복받으려면 모든 중생을 열반으로 인도하여 제도하겠다는 원을 세우되 제도했다는 상을 짓지 말아야 한다. 또 덕행을 행하되 머무르거나 집착하지 말고 행해야 한다는 것이다. 그러므로 육조대사는 금강경은 무상(無相)을 종(宗)으로 삼고 무주(無住)를 체(體)로 하며 묘용(妙用)을 용(用)으로 삼는다(無相爲宗무상위종 無住爲體무주위체 妙用爲用묘행위용)라고 하였다. 상이 없음을 종지로 하고 머무르지 않음을 본바탕으로 하며 묘하게 응용하는 것을 쓰임새로 한다는 말이다. 핵심을 지적한 말이라 생각된다.

제6품부터는 이와 관련하여 제기될 수 있는 여러가지 문제들에 관하여 문답하고 있다. 제6품에는 법 즉 진리라는 것도 하나의 방편이니 목적지에 도달하면 버려야 한다는 유명한 뗏목의 비유가 나온다, 불교와 다른 종교를 구별해 주는 선언이다. 부처님이 말씀하신 법이나 진리도 삶의 강을 건너 진리의 땅으로 가는 뗏목과 같은 것이니 강을 건넜으면 법이나 진리도 버리라는 말씀이다. 불교는 자기 초월이 가능한 종교인 것이다.

제8품에는 모든 법이 다 이 금강경으로부터 나온다는 말씀이 있다. 팔만대장경의 부처님 말씀이 모두 금강경의 원리로부터 나온 것이니 금강경만 통달하면 다른 경전들에도 다 통할 수 있다는 말씀이기도 하다. 제17품에서는 과거 연등 부처가 "너는 후일 부처를 이룰 것이니 그 이름을 석가모니라고 할 것이니라"고 수기(授記)를 주신 것은 얻은 바 법이 없었기 때문이라고 하신다. 받는 것이 익숙한 사람들은 도통이라는 것도 누구로부터 받는 것으로 생각하는데 부처님이 수기를 받은 것은 오히려 얻은 것이 없기 때문에 수기를 받을 수 있었다는 것이다. 수기라는 것은 연등불의 빈 마음과 석가모니불의 빈 마음이 서로 통했다는 것이지 무엇을 주고받는 것이 아니라는 것이다.

부처는 몸뚱이로나 형상으로 볼 수 없으며(제20품) 법신은 상이 아니고 색으로나 음성으로 보려고 하는 것은 삿된 도를 행하는 것이라(제26품)는 법문들이 여기 나와 있다. 이상한 물건 갖다 놓고 빌고 하는 일들이 형상과 소리로 사람을 현혹시키는 것이 사도라는 것을 분명히 알 수 있는 대목이다.

제30품에서는 티끌도 우주도 그렇게 이름을 부를 뿐이고 그런 것들이 실제로 있는 것이라면 그냥 하나의 전체 상(一合相)이 있을 뿐이라는 말씀이 나온다. 나와 우주의 합일되는 경지가 귀한 것이나 그러한 일합상(一合相)에도 또한 집착하지 말라는 등 주옥같은, 아니 다이아몬드와 같은 법문이 전개되고 있는 것이다.

○ 금강경 독송의 공덕

또한 경의 여러 곳에서 금강경을 수지 독송하는 공덕에 대하여 강조하고 있다. 금강경을 일심으로 독송하면 그 복덕(福德)이 헤아릴 수 없으며 그 중에 사구게라도 받아 지녀 남을 위해 설해 주면 그 공덕이 삼천대천세계를 가득 채울 보물로 남에게 보시하는 공덕보다 더 크다는 것이다. 여기서 불교의 수행방법 중 금강경 독송이라는 수행법이 나오게 된다. 금강경은 불타의 가장 밝은 정신을 쏟아 놓은 경이기 때문에 이 경을 읽으면 부처님의 밝은 정신과 통하게 되어 재앙이 소멸되고 지혜가 밝아진다고 한다.

이 경을 수지 독송하면서 남을 위해 설해준다면 그 복덕이 어디에도 비교할 수 없이 크다는 말씀을 구구절절이 강조하고 계신다. 금강경 읽는 것도 자기 자신만을 위하여 읽는 것이 아니라 남을 위해서 설해 주는 공덕이 크다고 말씀하고 있는 것이다.

모든 것을 바쳐라

"그러나 나는 여러분에게 성불과 해탈을 위하여 모든 것을

부처님께 바치라고 말씀드리고 싶습니다.

우리는 우리의 모든 것을 부처님께 바칠 줄 알아야 합니다.

나의 마음도 나의 몸도 탐욕과 진심과 어리석음도

부처님께 바쳐 버리고

기쁨도 슬픔도 근심도 고통도 모두 바쳐야 합니다.

모든 것을 부처님께 바칠 때 평안이 오고 일체를 바치고 날 때

법열이 생기는 것입니다.

오욕(五慾)도 바치고 팔고(八苦)도 바쳐야 합니다.

부처님께서는 우리가 바치는 모든 것을 기꺼이 받아 주십니다.

또한 이 모든 것을 바침으로써

불타의 가르침은 받아드려지는 것입니다."

-백성욱, "모든 것을 바쳐라", 《윤회의 강가에서》-

금강경 독송을 통한 수행

경의 말씀을 통해 우리는 불교의 인간관, 세계관, 세상을 살아가는 방식 등을 어느 정도 알게 된다. 그러나 불교의 가르침은 아는 것으로 충분하지 않다. 원래 불교 자체가 실제적 현실로부터 구득(求得)한 진리를 후세에 전한 것이기 때문에 어떤 형이상학적 이론을 내세우기보다 실천 수행을 강조한다.

독화살의 비유는 불교의 이러한 입장을 잘 나타내주고 있다. 어떤 사람이 독화살을 맞았는데 그 화살을 누가 쏘았는지, 어느 쪽에서 날아왔는지, 독의 성분은 무엇인지 알기 전에는 화살을 뽑고 치료할 수 없다고 한다면 그 사람은 그것을 알기 전에 죽고 말 것이다. 세상이 어떻게 만들어 졌는지, 우리가 어디로부터 왔는지 등등의 의문은 앞서 인용한 동물우리의 비유와 같이 우리 속에 갇혀 있는 처지에서는 해결할 수 없으며 실천수행을 통해 그곳을 벗어나야 한다.

불교에는 염불, 독경, 참선, 주력 등의 여러 수행법이 발전되어 왔다. 염불은 부처님의 명호를 일심으로 불러 부처님의 마음과 합일을 추구하는 것이고 독경은 경을 읽어 부처님의 정신과 가르침을 체득하는 것이다. 주력은 부처님의 비밀한 진언을 외워서 부처님 세계의 비밀한 내용과 계합 하려는 것이고 참선은 호흡의 조정과 정신 집중을 통해 진리와 하나 되려는 수행방법이라 할 수 있다. 각각의 수행법은 저마다 특징을 지니고 있으며 깊은 경지로 이끄는 세밀한 방법론을 가지고 있다.

여기서는 금강경 독송을 통한 수행방법에 대해서 이야기하고자 한다. 금강경 자체가 그 길이와 내용에서 독송을 전제로 만들어졌다고 할 수 있으며 금강경이 성립되어 널리 보급되던 당시에는 많은 불교도들이 이 경을 수지 독송했음을 알 수 있다. 금강경의 내용 속에서도 어떤 사람이 만약 받아 지녀 독송하고 남을 위해 설명해 주면 그 공덕이 어떤 공덕보다 낫다는 것을 여러 차례 강조하고 있다.

저자가 백성욱 선생님을 통해 전해 받은 금강경 독송 공부는 아침, 저녁 금강경을 소리 내어 읽고 평소에는 자기 마음속에서 올라오는 모든 것에 대해 "미륵존여래불" 또는 "부처님"해서 부처님께 바치는 것이다.

금강경을 읽을 때는 자기 자신이 3천년 전 영산회상에서 1,250인의 제자속의 한사람으로 참여하고 있다는 기분으로 읽는 것이 좋다. 부처님은 몸과 마음이 가장 건강한 밝은 분이시며, 또한 금강경은 부처님의 광명이 가장 찬란하게 빛을 발하는 최고 지혜의 경전이기 때문에 우리가 금강경 설법회상(說法會上)을 향하는 것만으로도 우리의 컴컴한 업장은 녹아내리게 된다는 것이다.

미륵존여래불은 부처님의 영산회상에서 미래 부처님으로 수기를 받은 분으로서 수기를 받은 이야기는 백 선생님의 설법부분에서 인용한 바 있다. 요컨대 미륵존여래불은 석가모니부처님의 정신을 그대로 이어 받으셨고 따라서 미륵존여래불의 명호를 부르는 것 또한 우리의 마음을 부처님께 바치는 공부라 할 수 있다.

금강경 독송과 바치는 공부를 하게 되면 이전 보다 많은 생각과 망상들이 떠오르는 것을 느낄 때가 있다. 이는 평소에는 컴컴한 속에 감추어져 있던 것들이 밝은 빛에 비쳐 드러나기 때문이다. 마음 속에 넣어두고 쌓은 생각들은 언제인가는 표출되어 업을 짓게 된다. 그래서 하나의 중생심은 하나의 고통의 씨앗이라고도 할 수 있다. 이러한 씨앗들을 마음에 쌓아 놓는 곳을 불교에서는 아뢰야식(識) 곧 장식(藏識)이라고 한다. 여기에 현재에 먹은 마음들이 저장되어 때가 되면 그 결과를 받게 되는데 경을 읽고 바치면 이들이 밝은 곳으로 나와 해소되고 어느 날 아뢰야식이 텅 비어 밝은 진리의 빛이 깃들게 된다는 것이다. 금강경을 독송하면 따라서 우선 첫째, 마음이 편해지고 업장이 해소되는 것을 느낄 수 있다. 마음이 답답하거나 불안하다가도 금강경을 독송하면 마음의 상태가 달라지는 것을 쉽게 느낄 수 있다.

동국대 학생시절부터 백성욱 선생님을 뵙고 공부를 시작했던 박현의 씨는 공부를 처음하면서 경험했던 일들을 다음과 같이 적고 있다.

(선생님은) 특히 나에게 수양을 위해 금강경을 독송할 것을 권하셨다. 하루 두 번 소리 내어 읽으라는 권유를 지키면서 모르는 부분은 일요일에 찾아뵙고 가르침을 받았다.

그러던 어느 날 내가 개인적으로 어떤 사람으로부터 심한 피해를 입어야 하는 일이 생겼다. 혼자서는 도저히 해결할 수 없을 것 같아 일요일도 아닌데 선생님을 찾아갔다.

평상시에는 축원부터 해주시는 선생님이셨는데 그날은 뭔가를 눈치 채셨던지 아무 인사도 없이 말씀부터 하셨다.

"너 잘왔다"라고 말문을 여신 선생님께서는 나를 빤히 쳐다보시더니 "딱 죽을 노릇이지?" 라고 말씀하시는 것이 아닌가.

"네, 딱 죽을 것 같습니다."

"그래 네가 죽을 것 같을 거다. 그러나 죽지는 않는다"

이렇게 말씀하시고는

"네가 여기에 지금부터 네 걱정을 놓아라. 그리고 미륵존여래불을 외도록 해라. 이 이상은 이야기를 안 할 터이니 네가 알아서 해라" 하셨다.

선생님의 그러한 이야기를 듣는 순간 나는 눈물이 몹시 나왔다.

"그래 울어라 내가 있지 않느냐?"

이렇게 격려를 받고 집으로 돌아와 나는 '미륵존여래불'

을 외웠다. 그러니 절박했던 심정이 가라앉으면서 어디선가 비몽사몽간에 "다 네가 했느니라"는 소리가 들렸다. 나는 미워했던 마음 억울했던 마음이 사라지고 평화스런 마음이 되었다. 나는 그 때를 통해 어려운 일을 해결하는 좋은 방법을 배웠다. 선생님이 지금은 안계시나 마음속에는 늘 살아 함께 계신다. 아니 현세뿐 아니라 세세생생 잊지 못할 분이다.[1]

경을 독송하고 바치는 공부를 하면 또한 몸이 건강하고 밝아진다. 우리 몸의 세포는 마음먹는데 따라 성격이 정해지는데 밝은 마음을 가지면 밝고 투명한 세포로 변한다. 그러나 사람이 성을 내고 독을 뿜으면 벌써 얼굴빛이 검푸른빛을 띠게 되고 자주 그렇게 하면 피부 빛이 꺼멓게 되는 것이다.

범죄자의 모습이 보기에도 좋지 않은 것은 피부 세포가 그 마음을 반영하기 때문이다. 반대로 스님, 수녀 등 수행 생활을 하는 분들의 피부와 모습은 대개 윤기가 있고 밝은 것도 같은 이치이다.

인간의 세포는 서서히 새로운 세포로 대체되어 가는데 살 세포가 전부 새로운 세포로 교체되는 기간은 대체로 1,000일, 또는 약 3년 정도라고 한다. 그 동안 욕심내고 성내고 어리석은 일하지 않고 밝은 마음 공부하면 최소한 그 동안 살 세포는 깨끗하고 밝은 세

---

[1] 박현의, "신심·형안·풍모로 심복케 하는 대인-고 백성욱 박사", 한국경제신문사,《잊을 수 없는 사람들》(서울: 한국경제신문사, 1983), pp.340-342.

포로 바꾸어진다.

인간의 세포가 서서히 바뀌는데 밝은 공부를 하면 세포가 교체될 때 밝고 건강한 세포로 살세포(약 3년), 뼈세포(약 10년). 뇌세포(약 30년)가 차례로 바뀐다는 이야기를 앞에서 소개한 바 있다. 만일 30년을 계속 잘 공부한다면 뇌세포까지 새사람으로 바뀐 청정한 도인이 될 수 있다는 희망의 메시지라고 할 수 있다.

물론 지금 공부 시작해서 언제 30년을 기다리나 하고 실망하는 사람도 없지 않을 것이다. 그러나 오래 걸린다고 낙심할 필요는 없다. 어떤 사람은 전생부터 이미 성리가 밝아 단기간 공부해서 깨우치는 경우도 있기 때문이다. 또한 공부란 이번 생이 아니라 다음 생에도 그리고 그 다음 다음 생애도 나아가 세세생생 한다는 각오로 시작하는 것이 필요하다.

이렇게 마음과 몸은 둘이 아니라 서로 밀접하게 영향을 준다. 동물 중 뱀의 경우 독성이 강한 독사일수록 머리가 삼각형이다. 뾰족한 마음의 결정체인 까닭이다. 또한 탐심이 많아 자기보다 큰 것을 껴안기 때문에 자연히 몸뚱이가 길어졌을 것이다. 사람도 성질이 독하고 성을 잘 내는 사람은 뾰족하다고 한다. 실제로 그런 사람은 얼굴이 뾰족한 경우가 많다.

인도사람들은 완전한 인격체의 사람이 가질 수 있는 신체의 모양을 연구해서 32상(相) 80종호(種好)로 구체화하였다. 부처님은 그러한 상을 가지셨다는 것이다. 예를 들어 부처님의 눈은 조용히 서너 걸음 앞을 응시하고 있는데 이는 부처님이 다생에 걸쳐 남의 허물을 보려 하지 않고 늘 자신을 관찰하는 연습을 해 오신 결과이며, 귀가 크신 것은 남의 말을 늘 경청하고 도량이 넓은 마음을 오래 연습해 왔기 때문에 그렇게 된 것이다.

금강경 독송 공부를 하면 또한 건강하고 활력 있는 사회생활을 할 수 있다. 마음에 쌓인 것이 해소되고 육체가 건강해지니 생활에 활력이 생기고 경의 가르침대로 행하니 우주의 진리와 계합하여 모든 일이 잘 풀리게 되는 것이다. 사람이 무슨 일을 할 때 힘이 들고 장애가 생기는 것은 금강경에서 누누이 경계하고 있는 나라는 생각(아상我相) 때문이다. 아상을 갖지 않는 방법은 모든 것을 자기가 하겠다고 하지 말고 부처님께 바치는 마음, 복 짓는 마음으로 하면 된다.

예를 들어 공부를 잘하고 싶을 때, 자기가 잘하겠다고 하면 힘들고 잘 안되지만 만일 그 생각을 바꾸어서 "모든 사람들이 공부 잘 해서 부처님께 복 많이 짓기를 발원" 하면 저절로 자기가 공부를 잘 하게 된다.

돈을 많이 벌고 싶을 때도 "내가 돈 벌어야지"하고 생각하면 힘들고 자신도 없지만 "모든 사람들이 돈 많이 벌어 부처님 잘 모시기 발원" 하면 저절로 돈을 벌게 될 것이다.

이 우주의 원리는 아상에 집착하는 자는 장애를 받지만 아상을 비운 사람에게는 모두 도움을 주려고 한다. 어떤 사람을 보면 주는 것 없이 밉고, 또 다른 어떤 사람은 보기만 해도 기분이 좋고 무엇인가 도와주고 싶은 경우를 보는데 이는 아상이 크고 적고의 차이라고 할 수 있다. 우리들이 어린아이를 좋아하고 도와주려고 하는 마음이 생기는 것은 아기가 순진무구하여 아상이 없기 때문이다.

경을 공부하는 사람은 경의 가르침에 따라 남에게 받기보다는 주는 마음을 연습한다. 자꾸 받아서 빚을 지게 되면 거지 마음을 연습해서 처량하고 남에게 매인 종이 되고 만다. 소를 도살장에 끌고 가서 들어가게 하면 자기 죽을 것을 눈치 채고 안 들어가려고 반항하는데, 그러다가도 소를 기르던 주인이 들어가라고 하면 눈물을 흘리며 들어간다고 한다. 자기를 먹여준 주인에게 빚을 졌기 때문이다.

경을 공부하는 사람은 남에게 빚지지 않고 오히려 복을 짓는다. 복을 받을 생각을 하는 대신 복 받을 원인을 짓는 것이다. 비유하면 은행에서 돈을 찾는데 열심이기보다는 저축하는데 더 노력하는 것과 같다. 사람들은 늘 받는 것만 좋아하기 때문에 우리의 새해 인사도 "복 많이 받으세요"가 되었지만 상대방을 진실로 생각한다면 "복 많이 지으세요"가 더 적절한 인사법이라 본다. 앞의 말은 "있는 돈 찾아 쓰라"는 말과 같고 뒤의 인사는 "열심히 저축해서 부자 되라"는 말과 같기 때문이다.

그래서 경을 공부하는 사람은 직장에서도 자기가 받는 봉급의 몇 배의 일을 할 마음으로 근무한다. 그런 마음을 갖게 되면 그는 고

용인이 아니라 실질적으로 그 직장의 주인이 되며 주도적 위치에 서게 되는 것이다.

불교의 가르침은 인간이 가지고 있는 모든 편견과 선입견, 아집에서 벗어나 인간 누구에게나 갖추어져 있는 밝은 불성(佛性)을 계발하여 진리의 삶을 살아가라는 것으로 요약될 수 있다. 금강경은 그 방법을 밀도 있고 미묘하게 설하고 있다. 그것이 미묘한 것은 인간의 탐·진·치 삼독심(욕심내고 성내며 어리석은 세 가지 독한 마음)은 공부하는 일 자체에까지 따라 다니기 때문이며 이러한 미세한 일에까지 적용하는 지침을 주고 있기 때문이다. 그래서 백성욱 선생님은 공부를 잘 하겠다면 탐심이요, 공부가 왜 안 되나 하면 진심(성내는 마음)이며, 공부가 잘된다 하면 치심(어리석은 마음)이라 하셨다. 불교 공부도 법답게 탐·진·치 내지 말고 원(願) 세워서 할 일이라는 것이다.

금강경은 한번 해설하고 읽어서 전부를 이해할 수 있는 책은 아니다. 그것은 동양의 현자가 책을 쓰는 방식과 서양의 현자가 책을 쓰는 방식이 서로 다르기 때문이다. 서양의 현자는 책을 쓸 때 대중의 수준으로 내려와 이해하기 쉽게 쓰는데 비해 동양의 현자들은 자기 수준에서 그대로 기록한다. 따라서 동양의 고전은 읽는 사람이 열심히 노력해서 책의 저자의 수준으로 자신을 향상시켜야 그 뜻에 계합할 수 있다. 그래서 자기가 노력한 수준만큼만 그 의미를 이해할 수 있다는 것이다.

금강경 독송으로 우리 마음속에 반짝이는 불성(佛性)을 계발하여 갈고 닦으면 우리도 다이아몬드와 같이 빛나고 고귀한 인격을 성취하고 무량한 공덕을 지어 우리의 미래를 힘차게 열어갈 수 있을 것이다.

참고 문헌

鳩摩羅什 譯.『金剛般若波羅密經』1권. K-13(5-979).

    T-235(8-748), 서울: 高麗大藏經硏究所.

白性郁博士, 1960.『白性郁博士文集 第一輯』. 서울: 東國大學校.

_____懸吐, 1968.『金剛般若波羅密經』. 素沙: 금강경독송회.

_____, 1979. "다시 寂滅宮을 찾아 가면서", 송혁,『現代 佛敎隨筆選』. 서울: 동국대학교 부설 역경원.

_____解說. 1977.『金剛般若波羅密經』. 서울: 百萬社.

_____, 1996. "나를 발견하는 길", 정종,『나의 靑春 나의 理想』. 서울: 中央出版社.

_____, 1976. "모든 것을 바쳐라",『윤회의 강가에서』. 법시사.

강대관, 1993.『금강경의 야단법석: 나와 너 우리가 없다』, 을지출판공사.

김동규 엮음. 1999.『금강경 독송을 통한 불교수행의 요체』. 대구: 금강경독송회 대구법회.

김무득 주석. 1992.『明本, 金剛經과 그 禪解』. 상권, 하권, 서울: 우리출판사.

김용옥, 1999.『도올 김용옥의 금강경 강해』. 서울: 통나무.

김운학, 1980.『新譯 金剛經五家解』(五臺山本). 서울: 현암사.

김원수, 1999.『마음은 어디를 향하고 있는가』. 서울: 김영사.

金一葉, 1981.『사랑이 무엇이더뇨』. 서울: 東國出版社.

김재웅. 1993.『닦는 마음 밝은 마음』. 경북 영일: 도서출판 용화.

_____. 1992《머무는 바 없이 마음을 내라》. 서울: 도서출판 용화.

_____. 1995.《그 마음을 바쳐라》. 서울: 도서출판 용화.

無比 譯解, 1992.『金剛經五家解』. 서울: 불광출판부.

_____, 2005.『무비스님 금강경 강의』. 서울: 불광출판부.

박현의, 1983. "신심·형안·풍모로 심복케 하는 대인-고 백성욱 박사", 한국경제신문사,《잊을 수 없는 사람들》. 서울: 한국경제신문사.

서정주, 1972.『徐廷柱文學全集5』. 서울: 一志社.

釋眞悟 譯解. 1988.『금강경연구』. 서울: 고려원.

僧伽大學院編. 1997.『金剛經全書』. 서울: 대한불교 조계종 교육원.

沈載烈 譯註, 1986.『譯註 六祖壇經』. 慶州: 佛國禪院.

정을수 편저, 2004.《상락향이야기》. 서울: 불교정신문화원.

정종, 1995.《내가 사랑한 나의 삶》. 담양군: 동남풍.

정천구. 1985. "금강경 독송의 이론과 실제-白性郁 박사를 통한 불교신앙",『佛敎思想』3월호 5월호(1985).

_____. 2006.『미래를 여는 금강경 독송』. 부산: 이경.

_____. 2009. "제10장 달라이 라마의 티베트 독립운동",『붓다와 현대정치』. 서울: 도서출판 작가서재.

필립 B. 얌폴스키 지음, 연암 종서 옮김, 1992.『六祖壇經硏究』. 서울: 경서원.

韓國政治問題硏究所,『政風5 정치1번지 청와대비서실』. 서울: 創民社.

涵虛 得通. 康熙 20년(1681). 『金剛經五家解 上,下』, 圓寂山雲興刊.

Conze, Edward. 1958. Buddhist Wisdom Books: The Diamond Sutra, & The Heart Sutra. New York: Harper & Row, Publishers.

Price, A.F. 1969. The Diamond Sutra and The Sutra of HuiNeng. London: Boulder Society.

Pine, Red. 2001. The Diamond Sutra; the Perfection of Wisdom. New York: Counterpoint.

한글 금강경

　여기의 한글 금강경은 백성욱 박사가 현토를 붙여 독송용으로 발행한(1968년) 요진(姚秦) 삼장법사 구마라습(343~413년) 번역의 한역 금강경을 백 선생님의 해설을 참고로 하여 저자가 한글로 번역한 것이다. 최대한 원뜻을 살리면서 구어체를 문장으로 다듬으려고 노력했다.

　백 선생님의 가르침에 의하면 금강경을 읽는 것은 부처님의 가장 밝은 정신과 읽는 사람의 정신이 서로 통하는 것이다. 금강경에 나타난 부처님의 밝은 정신을 향하는 마음만 같으면 원어인 산스크리트어로 읽으나 한문으로 읽으나 우리에게 편안한 한글로 읽으나 경을 읽는 공덕은 다르지 않을 것이다.

경을 여는 게송

더없이 높고 깊은 미묘한 법이여
백천만겁 지나도 만나기 어려워라
내가 이제 듣고 보고 수지하오니
여래의 참된 뜻 이해하게 하소서

금강반야바라밀경

○ 법회가 열린 연유 제일

이와 같이 나는 들었다. 한때 부처님께서 사위국 기수급고독원[1]에서 큰 비구의 무리 천이백오십 인과 함께 계셨다. 그 때 세존께서[2] 공양하실 때가 되어 가사를 입으시고 발우를 드시고 사위 큰 성에 들어가시어 걸식하시는데, 그 성 안에서 차례대로 걸식하시고 본래 처소로 돌아오시어 공양을 마치신 뒤 가사와 발우를 거두시고 발을 씻으신 다음 자리를 펴고 앉으셨다.

○ 수보리가 법을 청함 제이

---

1) 사위국 기수급고독원: 원문은 슈라바스티 부근 제타 숲의 아나타핀디카 정사(精舍)이다. 사위국(슈라바스티)은 당시 16개 국 중 마가다국과 함께 2대 강국의 하나였던 코살라국의 수도이며 기수(제타)는 숲을 기증한 태자의 이름이고 급고독원(아나타핀디카)은 정사를 지은 장자의 이름인데 정사는 두 사람의 이름을 합성해서 붙인 것이다. 줄여서 기원정사로 많이 알려져 있다.
2) 부처님에게는 열 가지 별호가 있는데 그 중 깨달은 분이라는 뜻으로 부처님(佛), 세상에서 존귀한 분이라는 뜻으로 세존이라 부른다. 여래(如來)는 진리로부터 "이렇게 오신 분"이란 뜻으로 더없이 밝은 진리 그 자체를 나타내는 용어다.

이때 장로 수보리가 대중 가운데 있다가 곧 자리에서 일어나서 오른쪽 어깨에 옷을 벗어 메고 오른쪽 무릎을 땅에 꿇고 합장하여 공경하면서 부처님께 여쭈었다.

"희유하십니다, 세존님. 여래께서는 보살들을 잘 호념하시고 보살들에게 잘 부촉하십니까? 세존님, 선남자 선여인이 아뇩다라삼보리[3]심(心)을 내려면 마땅히 어떻게 머물러 살며 어떻게 그 마음을 항복받아야 합니까?"

부처님께서 말씀하셨다.

"옳지, 잘 물었다. 수보리야. 너의 말과 같이 여래께서는 모든 보살을 잘 호념하시고 모든 보살에게 잘 부촉하시느니라. 너는 이제 자세히 들으라, 이제 마땅히 너에게 설하리라. 선남자 선여인이 아뇩다라삼먁삼보리심을 내려면 마땅히 이와 같이 머물러 살며 이와 같이 그 마음을 항복받아야 하느니라."

"그렇습니다, 세존님. 즐겁게 듣고자 합니다."

○ 대승의 바른 종지 제삼

부처님께서 수보리에게 말씀하셨다.

---

3) 아뇩다라삼먁삼보리(阿耨多羅三藐三菩提 Anuttara Samyak Sambodhi): '더없이 높고 평등하며 바른 깨달음'이라는 뜻이다. 한문의 뜻은 무상정등정각(無上正等正覺)인데 한문에 없던 용어이고 불교의 아주 특별한 용어이기 때문에 번역하지 않고 음역(音譯)한 것이다.

"모든 보살마하살은 마땅히 이와 같이 그 마음을 항복받을 것이니, 있는 바 일체 중생의 종류에서 알로 까는 것, 태로 낳는 것, 습한 데서 낳는 것, 화해서 낳은 것, 형상이 있는 것, 형상이 없는 것, 생각이 있는 것, 생각이 없는 것, 생각이 있지도 않고 없지도 않은 것을 '내가 모두 다 남김 없는 열반에 들게 해서 이를 멸해 제도하리라' 하라. 이렇게 한량없고 수가 없고 끝이 없는 많은 중생들을 다 제도하되 실로 한 중생도 제도된 바가 없느니라. 왜냐하면 수보리야, 보살이 만약 아상 인상 중생상 수자상[4]이 있다면 그는 보살이 아니기 때문이니라."

○ 묘하게 실행해서 머무름이 없음 제사

"다시 수보리야, 보살은 마땅히 법에 머물지 말고 보시를 행할 것이니, 이른바 색에 머물지 말고 보시할 것이며, 소리, 냄새, 맛, 촉감 그리고 법에 머물지 말고 보시해야 하느니라. 수보리야, 보살은 마땅히 이렇게 보시하여 상(相)에 머물러 살지 말 것이니 왜 그러냐 하면 만약 보살이 상에 머물지 않고 보시하면 그 복덕은 가히 생각하여 헤아릴 수 없느니라."

---

4) 아상 인상 중생상 수자상은 번뇌의 근본인 네 가지 분별심 (四相사상)이다. 아상은 나라는 생각, 인상은 사람이라는 생각, 중생상은 중생이라는 생각, 그리고 수자상은 오래 살았다는 상으로 경험이 있어 뭔가 알았다는 상을 말한다.

"수보리야, 너의 생각은 어떠하냐? 동쪽 허공을 생각으로 가히 생각하여 헤아릴 수 있겠느냐?"

"할 수 없습니다. 세존님."

"수보리야, 남쪽 서쪽 북쪽과 그 사이의 네 방향과 아래 위 허공을 가히 생각하여 헤아릴 수 있겠느냐?"

"할 수 없습니다. 세존님."

"수보리야, 보살이 상에 머물지 않고 보시하는 복덕도 또한 이와 같아서 생각하여 헤아려 알 수 없이 많으니라. 수보리야, 보살은 마땅히 가르친 대로만 머물러 살지니라."

○ 여래를 실지로 봄 제오

"수보리야, 너의 생각은 어떠하냐? 몸의 상으로 여래를 볼 수 있느냐?"

"아닙니다, 세존님. 몸의 상으로 여래를 볼 수 없습니다. 왜냐하면 여래께서 말씀하신 몸의 상은 몸의 상이 아니기 때문입니다."[5]

부처님께서 수보리에게 말씀하셨다.

"무릇 있는바 상은 다 허망한 것이니, 만약 모든 상이 상아님을

---

[5] 여래는 진리에서 오신 밝은 분이기 때문에 몸의 모양으로 여래를 볼 수 없다. 여래의 몸을 육신으로 보려고 하지 말고 여래의 청정한 마음, 즉 법신을 볼 수 있어야 한다는 것이다.

본다면 곧 여래를 보리라."

○ 희유한 것을 믿음 제육

수보리가 부처님께 여쭈었다.

"세존님, 어떤 중생이 이와 같은 말씀이나 글귀를 듣고 실다운 신심을 낼 수 있겠습니까?"

부처님께서 수보리에게 말씀하셨다.

"그런 말을 하지 말라. 여래께서 가신지 후 미래시절 마지막 5백 년 뒤에도 계를 받아 지니고 복을 닦는 자가 있어서 능히 이와 같은 말과 글귀에 신심을 내어 이것을 진실이라고 생각할 것이다. 마땅히 알라. 이 사람은 한 부처님이나 두 부처님이나 셋 넷 다섯 부처님께 만 선근을 심었을 뿐만 아니라, 이미 한량없는 천만 부처님의 처소에서 갖가지 선근을 심고 이 글귀를 듣고 깨끗한 믿음을 내느니라.

수보리야. 여래는 이 모든 중생들이 이와 같이 한량없는 복덕을 얻는 것을 다 아시고 다 보시느니라. 왜 그러냐 하면 이 중생들은 다시는 아상 인상 중생상 수자상이 없으며, 법이라는 상도 없고, 법 아니라는 상도 없기 때문이니라. 왜냐하면 이 모든 중생이 만일 마음에 어떤 상을 취하면 아상 인상 중생상 수자상에 집착하게 되는 때문이니, 왜냐하면 만약 법이란 생각을 취하여도 곧 아상 인상 중생상 수자상에 집착하게 되며, 법이 아니란 생각을 취하여도 곧 아상 인상 중생상 수자상에 집착하기 때문이니라.

그러므로 법을 취하지도 말고 법 아닌 것을 취하지도 말 것이니, 이런 까닭으로 여래께서는 항상 말씀하시기를 '너희들 비구는 내가 설한 법이 뗏목과 같은 줄을 알라' 하셨으니 법도 오히려 버려야 하거늘 하물며 법 아닌 것이랴."

○ 얻은 것도 없고 말한 바도 없음 제칠

"수보리야, 너의 생각은 어떠하냐? 여래께서 아뇩다라삼먁삼보리를 얻었느냐? 또한 여래께서 설하신 법이 있느냐?"

수보리가 부처님께 말씀드렸다.

"제가 부처님께서 말씀하신 뜻을 이해하기로는 정해진 법이 없음을 아뇩다라삼먁삼보리라 이름하며, 또한 정해진 법이 없음을 여래께서 가히 설하시나이다. 왜냐하면 여래께서 설하신 법은 모두 취할 수 없으며 설할 수 없으며 법이 아니며 법아님도 아니기 때문입니다. 왜냐하면 모든 현자들과 성인들이 모두 무위법[6]에서 차별을 나타내기 때문입니다."

○ 법에 의지해서 나옴 제팔

---

6) 무위법(無爲法): 함이 없는 법, 조작이 없는 법을 말하며 인위적이고 조작이 있는 유위법(有爲法)과 반대되는 말

"수보리야, 너의 생각은 어떠하냐? 만일 어떤 사람이 삼천대천세계에 칠보를 가득 채워서 보시를 한다면 얻은 복덕이 얼마나 많겠느냐?"

수보리가 부처님께 말씀드렸다.

"매우 많습니다, 세존님. 그 복덕이 복덕의 본성이 아니기 때문에 여래께서 복덕이 많다고 말씀하시는 것입니다."

"만약 다시 어떤 사람이 있어 이 경 가운데서 네 글귀만이라도 다른 사람을 위해 설해준다면 그 복덕은 앞의 것보다 많을 것이다. 왜냐하면 수보리야, 모든 부처님이나 부처님의 아뇩다라삼먁삼보리법이 다 이 경에서 나왔기 때문이니라. 수보리야, 이른 바 불법이라고 하는 것은 곧 불법이 아니니라.

○ 공부한다는 하나의 상도 없음 제구

"수보리야, 너의 생각은 어떠하냐? 수다원[7]이 능히 이런 생각을 하되 '나는 수다원의 과를 얻었노라'고 하겠느냐?"

수보리가 대답하였다.

---

7) 수다원은 소승불교 수행단계의 첫 번째 단계로 성인의 흐름에 든 자라는 뜻이다, 다음에 두 번째 단계인 사다함은 절대 경지에 한번 다녀온 자이고 세 번째 아나함은 절대경지에 가서 다시 오지 않는 자라고 하며 아라한은 최고의 단계로서 도적을 없앴다는 뜻인데 아상은 물론 법상까지 모든 욕망을 떠난 자이다.

"아닙니다, 세존님. 왜냐하면, 수다원은 성인의 흐름에 들어간다는 말이지만 실은 들어간 바 없으며 색·성·향·미·촉·법에 들어가지 않음으로 수다원이라 부르는 것입니다."

"수보리야, 너의 생각은 어떠하냐? 사다함이 능히 이런 생각을 하되, '나는 사다함의 과를 얻었노라'고 하겠느냐?"

수보리가 대답하였다.

"아닙니다, 세존님. 왜냐하면, 사다함이란 한번 갔다 다시 온다는 말이지만 실로 가고 오는 바가 없으므로 사다함이라 부르는 것입니다."

"수보리야, 너의 생각은 어떠하냐? 아나함이 능히 이런 생각을 하되 '나는 아나함의 과를 얻었노라' 하겠느냐?"

수보리가 다시 대답하였다.

"아닙니다, 세존님. 왜냐하면 아나함은 다시 오지 않는다는 말이오나 실은 오지 아니함이 없기 때문에 아나함이라 부르는 것입니다."

"수보리야, 너의 생각은 어떠하냐? 아라한이 능히 이런 생각을 하되 '나는 아라한의 도를 얻었다'고 하겠느냐?"

수보리가 대답하였다.

"아닙니다. 세존님. 왜냐하면, 실로 법이 없음을 일컬어 아라한이라 부르기 때문입니다. 세존님, 만약 아라한이 이런 생각을 하되 '나는 아라한의 도를 이루었다'고 한다면 이는 곧 아상 인상 중생상 수자상에 집착하는 것이 될 것입니다. 세존님, 부처님께서 저에게 다툼이 없는 삼매를 얻어 사람 가운데 가장 으뜸이라고 하신다면 제가 욕심을 떠난 아라한이겠지요. 그러나 세존님, 저 스스로는 제가 욕심을 떠난 아라한이라는 생각을 하지 않습니다. 세존님, 제가 만약 '나는 아라한의 도를 이루었다'고 생각한다면 세존께서는 '수보리는 아란나[8]행을 즐기는 자'라고 하시지 않으실 것입니다. 그러나 실은 수보리가 행하는 바가 없기 때문에 세존께서는 수보리야말로 '아란나 행을 즐기는 자'라고 불러 주시는 것입니다."

○ 불국토의 장엄 제십

부처님께서 다시 수보리에게 말씀하셨다.

"너의 생각은 어떠하냐? 내가 지난 세상에 연등불[9]처소에 있을 때에 법을 얻은 바가 있느냐?"

"아닙니다, 세존님. 세존께서 연등불 처소에 계실 때 법에 대하여 얻으신 바가 없으십니다."

"수보리야, 너의 생각은 어떠하냐? 보살이 부처님 세계를 장엄하게 할 수 있느냐?"

---

8) 아란야로도 발음하며 다툼이나 시끄러움이 없는 곳, 무쟁처(無諍處)를 말한다. 아란나 행이란 조용하고 다툼이 없는 것을 즐기는 고요함을 지키는 수행이다.

9) 연등불(Dipankara Buddha): 과거 보살행을 하던 석가모니불에게 미래의 부처가 될 것이라는 수기(授記)를 주신 부처님.

"아닙니다, 세존님. 왜냐하면, 부처님 세계를 장엄한다는 것은 곧 장엄이 아니므로 장엄이라 부르는 것입니다."

부처님께서 수보리에게 말씀하셨다.

"모든 보살 마하살은 마땅히 이와 같이 맑고 깨끗한 마음을 내어야 할 것이니 마땅히 형색에 머물러 마음을 내지 말며, 마땅히 소리, 냄새, 맛, 촉감과 법에 머물러 마음을 내지 말 것이니, 마땅히 머무는 바 없이 그 마음을 낼지니라. 수보리야, 비유컨대 여기 어떤 사람이 있어 그 사람의 몸이 수미산 왕만 하다면 그 몸집이 크다고 하겠느냐?"

수보리가 대답하였다.

"아주 큽니다, 세존님. 왜냐하면 여래께서 사람의 몸이 크다고 말씀하시는 것은 곧 큰 몸이 아니기 때문에 큰 몸이라 말씀하신 것입니다."

○ 무위의 복이 큼 제십일

"수보리야, 어떻게 생각하느냐? 갠지스강에 있는 모래 수만큼의 갠지스강이 있다면 그 모든 갠지스강에 있는 모래 수가 많다고 하겠느냐?"

"매우 많습니다, 세존님. 단지 모든 갠지스강의 수만도 무수한데 하물며 그 모래야 말할 나위가 있겠습니까?"

"수보리야, 내 이제 너에게 진실한 말로서 이르노니, 만약 선남자 선여인이 그 갠지스강의 모래 수만큼의 삼천대천세계를 칠보로 가득 채워 보시한다면 얻은 바 복덕이 많지 않겠느냐?"

수보리가 대답하였다.

"매우 많습니다, 세존님."

부처님께서 수보리에게 거듭 일러 말씀하셨다.

"만약 선남자 선여인이 이 경 가운데 다만 네 글귀만이라도 받아 지니고 또 남을 위해 설명해 준다면 그 복덕이 갠지스강의 모래와 같이 많은 칠보로 보시한 복덕보다 훨씬 뛰어나니라."

○ 바로 깨친 이를 존중함 제십이

"또한 수보리야, 이 경의 네 글귀 게송이라도 따라 설해 준다면 마땅히 알라, 이 경을 설하는 곳은 온 세상의 하늘과 사람, 그리고 아수라들이 공양하기를 마치 불탑에 공양하듯 할 것인데 하물며 사람이 이 경을 받아 지니고 독송하는 곳이야 말할 것이 있겠느냐.

수보리야, 이 사람은 제일 높고 제일 희귀한 법을 성취하는 것이니라. 이 경이 있는 곳에는 곧 부처님이 계시거나 존중하는 제자가 계시느니라."

○ 법답게 받아지님 제십삼

그때 수보리가 부처님께 여쭈었다.

"세존님, 이 경의 이름을 무엇이라 하오며 우리들이 어떻게 받들고 지녀야 합니까?"

부처님께서 말씀하셨다.

"이 경의 이름은 금강반야바라밀이니 이런 이름으로 너희들은 받들어 지녀라. 수보리야, 그 까닭은 무엇인가? 내가 말한 반야바라밀은 그것이 곧 반야바라밀이 아니므로 반야바라밀이라 부르는 것이니라. 수보리야, 너의 생각은 어떠하냐? 여래께서 말씀하신 법이 있다고 보느냐?"

수보리가 부처님께 말씀드렸다.

"세존님, 여래께서는 말씀하신 바가 없으십니다."

"수보리야, 너의 생각은 어떠하냐? 삼천대천세계에 있는 티끌의 수가 많다고 보느냐?"

"심히 많습니다. 세존님."

"수보리야, 모든 티끌이 여래께서 말씀하신 티끌은 곧 티끌이 아님으로 티끌이라 부르며, 여래께서 설하신 모든 세계는 곧 세계가 아님으로 세계라 부르는 것이니라. 수보리야, 너의 생각은 어떠하냐? 32상으로 여래를 알아볼 수 있겠느냐?"

"아닙니다, 세존님. 32상[10]으로는 여래를 볼 수 없습니다. 왜냐하면 여래께서 설하신 32상은 곧 32상이 아니므로 32상이라 부르는 것입니다."

"수보리야, 만약에 선남자 선여인이 저 갠지스강의 모래 수만큼이나 많은 몸과 목숨을 바쳐 보시했다 하더라도, 어떤 사람이 이 경 가운데 네 글귀 게송만이라도 받아 지녀 남을 위해 설명해 준다면 그 복덕이 앞의 복덕보다 훨씬 많으리라."

○ 상을 떠나 조용함 제십사

이때 수보리는 이 경을 설하시는 것을 듣고 그 깊은 뜻을 이해하고 눈물을 흘리며 부처님께 아뢰었다.

"희유하십니다, 세존님. 부처님께서 이처럼 심히 깊은 경을 설하시니 예로부터 닦아 온 저의 혜안으로도 일찍이 이런 경을 듣지 못했습니다. 세존님, 만약 어떤 사람이 이 경을 듣고 믿는 마음이 맑고 깨끗하면 실상을 내게 될 것인데 그 사람은 세상에서도 드문 공덕을 성취하는 것임을 알아야 할 것입니다. 세존님, 이러한 실상이라는 것은 실상이 아니기 때문에 여래께서 실상이라 부르시는 것입니다. 세존님, 제가 지금 이와 같은 경을 듣고서 믿고 깊이 깨달아 받

---

10) 32상: 이상적인 인간이 갖추고 있다고 생각되는 32가지 신체의 특징을 말하는데 부처님과 전륜성왕이 이러한 32상을 갖추고 있다고 함.

아 지니기는 어렵지 않사오나, 만약에 오는 세상에 오백년 후에 중생이 있어 이 경을 듣고서 믿고 깨달아 받아 지니면 그는 바로 세상에서 가장 드문 공덕을 성취하는 것입니다. 왜냐하면, 이 사람은 아상도 없고 인상도 없으며 중생상도 없고 수자상도 없기 때문입니다. 그 까닭은 아상이 곧 상이 아니고 인상 중생상 수자상이 곧 상이 아니며 모든 상을 여의면 하나 되신 부처님[11]이라 부르기 때문입니다."

부처님께서 수보리에게 말씀하셨다.

"그렇고 그러하니라. 또한 어떤 사람이 있어 이 경을 듣고 놀라지 않고 겁내지 않고 두려워하지 않는다면 이 사람은 매우 희유한 일을 성취한 사람임을 알아야 하느니라.

수보리야, 왜냐하면 여래께서 말씀하신 제일 바라밀은 곧 제일 바라밀이 아니므로 제일바라밀이라 부르느니라. 수보리야, 여래께서 말씀하신 인욕바라밀은 곧 인욕바라밀이 아니므로 인욕바라밀이라 부르느니라.

왜냐하면 수보리야, 내가 전생에 가리 왕에게 몸을 베이고 잘리고 할 때에 나에게는 아상도 인상도 중생상도 없었고 수자상도 없었느니라. 왜 그런가 하면, 전생에 내가 온몸의 마디마디와 사지를 찢길 때 만약 아상이나 인상이나 중생상이나 수자상이 있었다면 마땅히 성내고 분하고 원통한 마음을 냈을 것이기 때문이니라. 수보

---

11) 여기서 부처님은 여러 부처님을 말하는 것이 아니라 하나 된 부처님을 가리킨다. 한 역본에서 이 부분의 諸佛은 제불이라 읽지 않고 저불이라 읽는다.

리야, 내가 전생 오백년 동안 인욕선인이었을 때를 생각하니, 그 세상에서 아상 인상 중생상 수자상이 없었느니라.

그러므로 수보리야, 보살은 마땅히 일체의 상을 떠나 아뇩다라삼먁삼보리의 마음을 내야 하나니 마땅히 형색에 머무르지 말고 마땅히 소리 냄새 맛 감촉 그리고 법에 머무르지 말며 마땅히 머무름이 없이 그 마음을 낼지니 만약 마음에 머무름이 있다면 그것은 머무름이 아니니라. 이런 까닭으로 부처님은 설하시기를 보살은 마땅히 마음을 색에 머무르지 않고 보시를 해야 한다고 하시느니라. 수보리야, 보살은 마땅히 일체중생에게 이익 되는 이런 보시를 해야 하느니라. 여래께서 말씀한 일체의 상은 곧 상이 아니며 또한 일체 중생도 곧 중생이 아니니라.

수보리야, 여래께서는 참된 말을 하는 분이며 실다운 말을 하는 분이고 있는 그대로 말하는 분이며 거짓말을 하지 않는 분이고 두 가지 말을 하지 않는 분이시니라. 수보리야, 여래께서 얻으신 이 법은 실다움도 없고 허함도 없느니라. 수보리야, 만약에 보살이 마음속에서 법에 머무르는 보시를 하면, 마치 사람이 어둠속에 들어가면 바로 보는 바가 없는 것과 같으며, 만약에 보살이 마음을 법에 머무르지 않고 보시하면 마치 눈 밝은 사람이 밝은 햇빛 아래서 모든 것을 보는 것과 같으니라. 수보리야, 장차 오는 세상에 선남자 선여인이 있어 능히 이 경을 수지 독송하면 바로 여래께서 부처님의 지혜로써 그 사람이 모두가 한량없는 공덕을 얻는 것을 다 아시고 다

보시느니라."

○ 경을 받아 지니는 공덕 제십오

"수보리야, 만약 선남자 선여인이 한량없는 긴 세월 동안을 아침에 갠지스강의 모래 수만큼의 몸으로 보시하고, 한낮에도 다시 갠지스강의 모래 수만큼의 몸으로 보시하고 저녁에도 또한 갠지스강의 모래 수만큼의 몸으로 보시한다고 하자. 이와 같이 백천만억겁을 몸으로 보시한다 해도, 만약 다시 어떤 사람이 이 경전을 듣고 믿는 마음이 거슬리지 않는다면 그 복덕이 앞의 복덕보다 훨씬 뛰어날 것이니라. 하물며 이 경을 쓰고 베끼고, 받아 지녀 독송하여 다른 사람을 위해 해설해 줌에 있어서이랴.

수부리야, 이경은 실로 불가사의하고 헤아릴 수 없으며 가없는 공덕이 있나니 여래는 대승의 마음을 낸 사람을 위하여 이 경을 설하며, 최상승의 마음을 낸 사람을 위해 이 경을 설하느니라. 만약 어떤 사람이 능히 이 경을 받아 지니고 독송하여, 널리 다른 사람을 위해 말하여 준다면 여래는 이 사람이 이루 헤아릴 수 없고 말할 수 없고 가없는 불가사의한 공덕을 성취하는 것을 다 알고 다 보시느니라. 이들은 곧 여래의 아뇩다라삼먁삼보리를 짊어질 사람이니라.

수보리야, 작은 법을 즐기는 자는 아견 인견 중생견 수자견에 집착하여 바로 이 경을 알아듣지 못하며 받아 지니지도 못하고 독송하지도 못하므로 따라서 남에게 설명하여 주지도 못하느니라. 수보리야, 만약 어디서든지 이 경만 있으면 하늘, 사람, 아수라가 반드시 공양할 것이니라. 이곳은 바로 부처를 모신 탑과 같아 마땅히 모두 와서 공경하고 절하며 둘레를 돌면서 온갖 아름다운 꽃과 향을 뿌리게 될 것이니라."

○ 능히 업장을 맑힘 제십육

"다시 수보리야, 선남자 선여인이 이 경을 받아 지녀 독송하되 만약 사람들이 가볍게 여기고 천하게 여기면 이 사람은 앞의 세상의 죄업으로 악도에 떨어질 것이지만 이번 세상의 사람들이 가볍고 천하게 여기기 때문에 앞의 세상의 죄업을 곧 소멸하고 아뇩다라삼먁삼보리를 얻으리라.

수보리야, 내가 이제 생각해 보니 과거 무량 아승기겁에 연등불 이전에 팔백 사천만 억 나유타[12] 수의 모든 부처님을 만나 뵙고 모두 다 공양하고 받들어 모시고 그냥 지나치지 않았느니라. 만약 다시 어떤 사람이 있어 이후 말세에 능히 이 경을 받아 지니고 독송하면 얻은 공덕은 내가 모든 부처님을 공양한 공덕이 백분의 일에도 못 미치고 천만 억분 내지 어떤 산수의 비유로도 미치지 못하니라.

---

12) 나유타는 항하사 아승기 등과 같은 인도의 숫자 단위로 많은 수를 표시한다. 항하사의 만 배가 아승기이고 나유타는 천억에 해당한다고 한다.

수보리야, 만약 선남자 선여인이 이후 말세에 이 경을 받아 지녀 독송하면 얻은 공덕을 만약 내가 낱낱이 설한다면 혹 어떤 사람은 이를 듣고 바로 마음이 미쳐서 여우와 같이 의심하게 되리라. 수보리야, 이 경의 뜻은 불가사의하고 그 과보도 또한 불가사의하니라."

○ 결국은 내가 없음 제십칠

그때 수보리가 부처님께 여쭈었다.

"세존님, 선남자 선여인이 아뇩다라삼먁삼보리의 마음을 냈다면[13] 마땅히 어떻게 머무르고 어떻게 그 마음을 항복받아야 합니까?"

부처님께서 수보리에게 말씀하셨다.

"선남자 선여인이 아뇩다라삼먁삼보리의 마음을 냈다면 마땅히 이와 같이 마음을 낼 것이니 '나는 마땅히 일체의 중생을 멸해 제도하리라'고 하라. 일체 중생을 다 멸해 제도하기를 마치면 한 중생도 실로 멸해 제도 받은 자 없느니라. 왜냐하면 만약에 보살이 아상 인상 중생상 수자상을 가지고 있으면 곧 보살이 아니니라. 수보리야, 실로 어떠한 법이 있지 아니하므로 아뇩다라삼먁삼보리의 마음

---

[13] 제2품에서와 같은 내용이 다시 나오는데 2품에서는 처음 공부를 시작하는 사람의 질문이기 때문에 '마음을 내려면'이었지만 여기서는 공부를 이미 하고 있는 사람의 질문이므로 '마음을 냈다면'으로 된 것임.

을 내는 것이니라. 수보리야, 어떻게 생각하느냐? 여래께서 연등불 처소에 계실 때 법이 있어서 아뇩다라삼먁삼보리를 얻었겠느냐?"

"아닙니다. 세존님. 제가 부처님께서 말씀하신 뜻을 이해하기로는 부처님께서 연등불 처소에 계실 때 어떤 법도 없으셨기에 아뇩다라삼먁삼보리를 얻으신 것입니다.

"부처님께서 말씀하셨다."

"그렇고 또한 그러하니라, 수보리야. 실로 어떤 법도 없기에 여래께서 아뇩다라삼먁삼보리를 얻으신 것이니라. 수보리야, 만약에 어떤 법이 있어 여래께서 아뇩다라삼먁삼보리를 얻었다면 연등불께서는 바로 나에게 '너는 장차 오는 세상에 반드시 부처가 될 것이며 이름을 석가모니[14]라 하리라' 하고 수기를 내리지 않았을 것이니라. 실로 법이 없었기 때문에 내가 아뇩다라삼먁삼보리를 얻었으며 그러므로 연등불께서 나에게 수기를 주시기를 '너는 내세에 반드시 부처가 되리니 그 이름을 석가모니라 하리라'고 하셨느니라.

여래란 곧 '모든 법에 진여 그대로' 라는 뜻이니라. 만약 여래께서 아뇩다라삼먁삼보리를 얻었다고 한다면 실로 법이 없기 때문에 부처님께서 아뇩다라삼먁삼보리를 얻으신 것이니라. 수보리야, 여래께서 얻으신 아뇩다라삼먁삼보리는 그 가운데 실함도 없고 허함도 없느니라. 그러므로 '일체 법이 다 부처님의 법'이라고 여래께서

---

14) 석가모니로 쓰지만 읽을 때는 서가모니로 발음하는 것이 관례이다 된소리를 피하기 위해서인 것 같다.

설하는 것이니라. 수보리야, 일체법이라고 말하는 것은 곧 일체법이 아니기 때문에 일체법이라 부르는 것이니라. 수보리야, 비유하여 말하면 사람의 몸이 크다는 것과 같으니라."

수보리가 아뢰었다.

"세존님, 여래께서 사람의 몸이 크다고 하신 것은 곧 큰 몸이 아니므로 큰 몸이라 부르시는 것입니다."

"수보리야, 보살도 역시 이와 같아서 만약 이런 말을 지어서 '내가 마땅히 무수한 중생을 제도하리라'고 말한다면 곧 보살이라 부르지 못할 것이니라. 수보리야, 왜냐하면 실로 법이 없음을 보살이라 부르기 때문이니라. 그러므로 부처님은 일체법이 아(我)도 없고 인(人)도 없으며 중생도 없고 수자(壽者)도 없다고 말씀하시느니라. 수보리야, 만약 보살이 '나는 반드시 불국토를 장엄하리라'고 말한다면 보살이라고 일컫지 않느니라. 왜 그런가 하면 여래께서 말씀하신 불국토의 장엄이라는 것은 곧 장엄은 아니기 때문에 장엄이라 부르는 것이니라. 수보리야, 만약에 보살이 무아의 법에 통달했다면 여래께서는 '이야말로 진실한 보살'이라고 일컬을 것이니라."

○ 하나라도 누구든 부처님으로 봄 제십팔

"수보리야, 너의 생각은 어떠하냐? 여래에게 육안[15]이 있느냐?"

---

15) 부처님이 갖춘 오안(五眼)을 차례대로 언급하고 있다. 육안은 보통 인간이 가진 육

"그렇습니다. 세존님. 여래에게 육안이 있습니다."

"수보리야, 너의 생각은 어떠하냐? 여래에게 천안이 있느냐?"

"그렇습니다, 세존님. 여래에게 천안이 있습니다."

"수보리야, 너의 생각은 어떠하냐? 여래에게 혜안이 있느냐?"

"그렇습니다, 세존님. 여래에게 혜안이 있습니다."

"수보리야, 너의 생각은 어떠하냐? 여래에게 법안이 있느냐?"

"그렇습니다. 세존님. 여래에게는 법안이 있습니다."

"수보리야, 너의 생각은 어떠하냐? 여래에게 불안이 있느냐?"

"그렇습니다, 세존님. 여래에게는 불안이 있습니다."

"수보리야, 너의 생각은 어떠하냐? 갠지스강 가운데 있는 모래를 부처가 이야기한 일이 있느냐?"

"그렇습니다, 세존님. 여래께서 이 모래를 이야기를 한 일이 있습니다."

"수보리야, 그렇다면 만약 하나의 갠지스강 가운데 있는 모래 수만큼의 갠지스강이 있고 또 그 많은 갠지스강의 모든 모래알 수대로 부처의 세계가 있다면 가히 많다 하겠느냐?"

"대단히 많습니다. 세존님."

체의 눈으로 가시광선으로 보는 세계만을 인식한다. 천안은 육체의 한계를 초월하여 먼 세계를 보거나 사물을 꿰뚫어 보는 눈. 혜안은 지혜의 눈으로 진리의 세계를 보는 눈. 법안은 닦아서 얻는 눈으로 중생교화를 위한 법과 방편을 보는 눈. 불안은 이상의 모든 눈을 가지고 일체를 거울과 같이 비춰보며, 중생교화의 방편을 잘 관찰하는 눈이다.

부처님께서 수보리에게 말씀하셨습니다.

"그렇게 많은 국토 가운데의 중생들의 갖가지 마음을 여래께서는 낱낱이 다 알고 계시느니라. 왜냐하면 여래께서 말하신 갖가지 마음이란 마음이 아니기 때문에 마음이라 부르는 것이니라. 수보리야, 왜 그런가 하면 과거의 마음도 얻을 수 없으며 현재의 마음도 얻을 수 없으며 미래의 마음도 얻을 수 없기 때문이니라."

○ 법계 온 세상을 교화함 제십구

"수보리야, 너의 생각은 어떠하냐? 만약 어떤 사람이 삼천대천세계에 칠보로 가득 채워 보시한다면 그 사람이 그 인연으로 얻은 복이 많겠느냐?"

"그렇습니다, 세존님. 그 사람이 그러한 인연으로 얻은 복덕이 심히 많을 것입니다."

"수보리야, 만약에 그 복덕이 실로 있다면 여래께서 '복덕이 많다'라고 말하지 않겠지만 복덕이 없기 때문에 여래께서 '복덕이 많다'고 설하느니라."

○ 몸뚱이 착과 형상을 여읨 제이십

"수보리야, 너의 생각은 어떠하냐? 부처를 구족한 색신으로 볼 수 있느냐?"

"아닙니다. 세존님, 여래를 구족한 색신으로 볼 수 없습니다. 왜냐하면 여래께서 말씀하신 구족한 색신이란 곧 구족한 색신이 아니므로 구족한 색신이라 부르는 것입니다."

"수보리야, 너의 생각은 어떠하냐? 여래를 구족한 모든 상으로 볼 수 있느냐?"

"아닙니다. 세존님, 여래를 구족한 모든 상으로 볼 수 없습니다. 왜냐하면 여래께서 말씀하신 모든 상의 구족은 구족이 아니므로 모든 상의 구족이라 부르는 것입니다."

○ 설함이 없는 설법 제이십일

"수보리야, 너는 여래께서 '내가 설한 바 법이 있다'는 생각을 한다고 말하지 말라. 그런 생각을 하지 말라. 왜냐하면 만약 어떤 사람이 '여래께서 법을 설한 바 있다'고 말한다면 그것은 곧 부처를 비방하는 것이며 내가 설한 바를 잘 이해하지 못한 때문인 것이다. 수보리야, 법을 설한다 함은 가히 설할 법이 없으므로 법을 설한다고 하느니라."

이때 혜명 수보리가 부처님께 여쭈었다.

"세존님, 어떤 중생이 다음 세상에 여래께서 설하신 이 법을 듣고 믿는 마음을 내겠습니까?"

세존께서 대답하시었다.

"수보리야, 그들은 중생도 아니고 중생이 아님도 아니니라. 중생, 중생이라 함은 여래께서 중생이 아니라고 설하셨으므로 이름을 중생이라 부르는 것이니라.

○ 법을 가히 얻은 바 없음 제이십이

수보리가 부처님께 여쭈었다.

"세존님, 부처님께서 아뇩다라삼먁삼보리를 얻은 것은 아무것도 얻으신 바가 없기 때문입니까?"

부처님께서 대답하시었다.

"그렇고 그러니라, 수보리야. 내가 아뇩다라삼먁삼보리 내지 어떤 조그마한 법도 가히 얻음이 없기에 그 이름을 아뇩다라삼보리라고 하느니라.

○ 조촐한 마음으로 착한 일을 행함 제이십삼

"또한 수보리야, 이 법이 평등하여 높고 낮음이 없으므로 그 이름이 아뇩다라삼먁삼보리니라. 그러므로 아도 없고 인도 없고 중생도 없고 수자도 없이 일체의 선법(善法)을 닦으면 바로 아뇩다라삼먁삼보리를 얻게 되느니라. 수보리야, 소위 선법이란 곧 선법이 아니라고 여래께서 말씀하셨기에 그 이름을 선법이라 부르는 것이니라."

○ 법과 지혜가 어디에 비할 데 없음 제이십사

"수보리야, 어떤 사람이 삼천대천세계 가운데 있는 여러 수미산왕과 같은 칠보의 무더기를 가지고 보시하였더라도, 만약 다른 사람이 이 반야바라밀경 또는 사구게만이라도 받아 지녀 독송하고 남을 위해 설명한다면 앞서 말한 복덕은 백분의 일에도 미치지 못하며, 백천만억 분의 일 또는 어떠한 숫자의 비유로도 미치지 못할 것이니라."

○ 교화하되 교화함이 없음 제이십오

"수보리야, 너의 생각은 어떠하냐? 너는 여래께서 '내가 마땅히 중생을 제도하리라' 한다고 말하지 말라. 수보리야, 그런 생각을 하지 말라. 왜냐하면 실로 여래께서 제도할 중생이 없기 때문이니라. 만약에 여래께서 제도할 중생이 있다면 이는 바로 여래에게 아상 인상 중생상 수자상이 있다는 뜻이 되느니라. 수보리야, 여래께서 아상이 있다고 말하는 것은 곧 아상이 있음이 아닌데 다만 범부들이 아상이 있다고 생각할 따름이니라. 수보리야, 범부라는 것도 여래께서는 범부가 아니므로 범부라 설하느니라."

○ 부처님 마음은 형상이 없음 제이십육

"수보리야, 32상으로 여래를 볼 수 있느냐?"
"그러합니다. 32상으로 여래를 볼 수 있습니다.
부처님께서 다시 말씀하셨다.
"수보리야, 만약 32상으로 여래를 본다면 전륜성왕도 곧 여래라 하겠구나."
수보리가 부처님께 말씀드렸다.
"세존님, 부처님께서 설해 주신 바에 따르면 32상으로는 여래를 볼 수 없습니다."
그러자 이때 세존께서 게송으로 말씀하셨다.

만약 형상을 통해 나를 보거나
음성을 통해 나를 찾는다면
이 사람은 삿된 도를 행할 뿐
여래를 능히 보지 못하리라.

○ 끊는다거나 없앤다고 하지 않음 제이십칠

"수보리야, 너는 혹시 '여래는 상을 구족한 아뇩다라삼먁삼보리를 얻은 것은 아니다'라고 생각할지 모르겠다. 그러나 수보리야, 너는 '여래는 상을 구족한 까닭으로 아뇩다라삼먁삼보리를 얻은 것은 아니다' 이런 생각을 하지 말라. 수보리야, 너는 혹시 '아뇩다라삼먁삼보리의 마음을 낸 사람은 모든 법에 끊고 없애는 것을 설한다'고 생각할지 모르겠다. 그런 생각을 하지 말라. 왜냐하면, 아뇩다라삼먁삼보리의 마음을 낸 사람은 끊고 없애는 것을 말하지 않느니라."

○ 받지도 탐내지도 말라 제이십팔

"수보리야, 만약에 보살이 갠지스강의 모래와 같이 많은 세계를 칠보로 가득 채워 보시했다고 하자. 그리고 또 어떤 사람이 일체법이 무아임을 알아 인(忍)을 성취했다면 이 보살의 공덕이 앞의 보살이 얻은 공덕보다 훨씬 뛰어날 것이다. 왜냐하면 수보리야, 모든 보살은 복덕을 받지 않기 때문이니라."

수보리가 부처님께 여쭈었다.

"세존님, 어찌하여 보살은 복덕을 받지 않습니까?"

"수보리야, 보살은 지은 바 복덕을 탐내거나 집착하지 않기 때문에 복덕을 받지 않는다고 말하는 것이니라."

○ 모양이 조용하고 안정됨 제이십구

"수보리야, 만약 어떤 사람이 '여래께서 오신다거나 가신다거나 앉는다거나 혹은 누우신다고 말한다면 이는 내가 설한 바를 이해하지 못하는 것이니라. 본래 여래란 어디서 오신 것도 아니며, 어디로 가시는 것도 아니기 때문에 여래라 일컫는 것이니라."

○ 이치나 형상으로 오직 하나뿐 제삼십

"수보리야, 만약 선남자 선여인이 삼천대천세계를 부수어 티끌로 만든다면 그 티끌의 수가 많겠느냐?"

"매우 많습니다, 세존님. 왜냐하면 만약 그 티끌의 덩어리가 정말 있는 것이라면 부처님께시는 비로 그것을 티끌의 덩어리라고 말씀하시지 않으셨을 것입니다. 부처님께서 말씀하신 티끌의 덩어리는 티끌의 덩어리가 아니므로 티끌의 덩어리라 부르는 것입니다. 세존님, 여래께서 말씀하시는 삼천대천세계는 그것이 세계가 아니기 때문에 세계라 부르는 것입니다. 만일 세계가 정말 있는 것이라면 바로 일합상[16]일 것이니 여래께서 설하신 일합상은 일합상이 아

---

16) 일합상(一合相): 물질이 여러 덩어리로 또 티끌로 쪼개지고, 물질과 정신이 나누어지며, 나와 내가 나누어진 그런 세계가 아니라 모든 것이 하나의 덩어리로 합쳐진 그런 세계를 말함.

니므로 일합상이라 부르는 것입니다."

"수보리야, 일합상이라고 하는 것은 바로 말할 수 없는 것인데도 다만 범부들이 일합상이라는 것에 집착하고 있을 따름이니라."

○ 안다고 자기 소견을 붙이지 않음 삼십일

"수보리야, 만약 어떤 사람이 아견 인견 중생견[17]을 부처가 설했다고 한다면 이 사람은 내가 설한 참뜻을 이해했다고 생각하느냐?"

아닙니다, 세존님. 이 사람은 여래께서 말씀하신 뜻을 잘 이해하지 못한 것입니다. 무슨 까닭인가 하면 세존께서 말씀하신 아견 인견 중생견 수자견은 바로 아견 인견 중생견 수자견이 아니기 때문에 이를 아견 인견 중생견 수자견이라 부르는 것입니다."

"수보리야, 아뇩다라삼먁삼보리의 마음을 낸 사람은 일체법에 대해서 마땅히 이렇게 알고 이렇게 보고 이렇게 믿고 이해하여 법상[18]을 내지 말아야 하느니라. 수보리야 법상은 곧 법상이 아니므로 법상이라고 여래께서는 말씀하느니라."

---

17) 여기서 상(相) 아닌 견(見)을 썼는데 상이 우리 인식의 대상을 말한다면 견은 상을 보는 주관이다. 예를 들어 아상은 나라는 대립된 생각이고 아견은 아상이라고 보는 그 생각이다.
18) 법상(法相): 부처님의 가르침과 공부 방법에 대하여 집착하는 상을 말한다. 공부하는 사람은 주객이 모두 비어 청정함을 알고 법상을 내지 말아야 한다는 말씀.

○ 응신과 화신[19]의 모습 제삼십이

"수보리야, 만약 어떤 사람이 무량 아승기 세계에 칠보로 가득 채워 보시하고, 또 만약 어떤 선남자 선여인이 있어 이 경의 사구게 만이라도 받아 지녀 읽고 외우고 또 남을 위해 설한다면 그 복이 칠보로 보시한 앞의 복덕보다 훨씬 수승하니라. 그러면 남들을 위해 어떻게 설할 것인가? 상을 취하지 않고 본래 모습대로 흔들리지 말지니라. 왜냐하면,

> 일체의 유위법은
> 꿈이요 허깨비요 거품이고 그림자 같으며
> 이슬과 같고 번갯불 같으니
> 마땅히 이와 같이 볼지니라.

부처님께서 이경을 설해 마치시니, 장로 수보리를 비롯하여 모든 비구, 비구니, 청신사, 청신녀 그리고 온 세상에 있는 하늘, 사람, 아수라들이 부처님께서 설하신 바를 듣고 모두 크게 환희하고 즐거워하며 이를 받들어 믿고 행하였다.

금강반야바라밀경 끝

---

[19] 응신과 화신: 부처님에게는 법신, 보신, 응화신의 세 가지 몸이 있다고 한다. 법신은 진리의 몸 자체이고 보신은 닦은 공덕으로 얻으신 몸이며 응신과 화신은 때에 따라 나타나시는 몸이다.